단단하고 만만하게!

낭낭이랑 어휘로
과학 쓱

이은경, 이미선 지음

어 휘
연습장

초등 4·2

학교는 재미있는데, 수업 시간은 좀 별로예요. 어렵고, 지루하고, 딱딱하고, 답답해요. 공부하기 싫어서 그런 것만은 아닌 것 같아요. '오늘은 열심히 해봐야지.', '나도 공부 잘하고 싶어.'라고 굳게 결심한 날에도 수업 시간은 여전히 어렵고, 지루하고, 딱딱하고, 답답하거든요.

대체 나는 왜 이럴까요? 혹시 이런 고민해 본 적 있나요?

수업 시간이 지루하고 힘들어서 빨리 끝나기만을 바라는 우리 친구들의 딱한 표정을 안타깝게 바라보던 냥냥이 친구들이 있었어요. 이 친구들이 모두 모여 오랜 시간 고민한 끝에 드디어 그 이유를 찾아냈지요. 범인은 바로, 교과서 속 어휘! 어휘를 모르니 내용을 이해할 수 없는 거였어요.

우리 친구들이 보는 교과서에는 도저히 무슨 뜻인지 알 수 없는 어휘들이 툭툭 자꾸 튀어나와요. 이제 막 공부라는 것에 도전하려는 우리 친구들에게는 교과서 본문 속 어휘들이 너무나 낯설게 느껴졌을 거예요.

어휘의 뜻만 미리 알고 있었다면 척척 이해되고 기억되었을 내용인데, 겨우 그것 때문에 지금껏 교과서와 친구가 되지 못했다니 억울할 지경이에요.

그래서 냥냥이 친구들이 '짠' 하고 이렇게 나타났어요. 공부를 열심히 해서 시험도 백 점 맞고 싶고, 나만의 소중한 꿈도 이루고 싶고, 오래오래 기억될 훌륭한 사람이 되고 싶은 친구들을 위해 꼭 기억해야 할 어휘를 골라 설명해 주고, 숨은그림찾기, 끝말잇기, 색칠하기 등의 여러 가지 활동을 하면 새롭게 알게 된 어휘를 내 것으로 만들어 버릴 수 있어요.

이제 냥냥이가 이끄는 대로 즐겁게 한 발씩 따라가기만 하면 돼요. 그럼 자연스럽게 수업 시간이 만만하고, 즐겁고, 시간이 후딱 지나가는 제법 해볼 만한 도전이 될 거예요.

새롭고 힘찬 새학기의 시작을 응원하며
냥냥이 친구들이 🐾

# 이 책의 구성과 특징

어휘의 뜻과 초성을 제시하여 공부해야 하는 개념어를 생각하며 학습할 수 있도록 한다.

어휘랑 놀자

11

2. 물의 상태 변화

수량을 헤아리는 데 쓰는 기구를 무엇이라고 할까요?

| ㄱ | ㄹ | ㄱ | ⇒ | | | |

## 원반 끝말잇기

🐾 머라냥이 체육 시간에 원반을 밟고 건너는 놀이를 하고 있어요. 머라냥과 함께 원반을 밟으며 끝말잇기 놀이를 해 볼까요?

해당 개념어와 관련된 다양한 형태의 문제를 풀면서 개념어를 재미있고 완벽하게 학습한다.

정답 110쪽

 길 찾기

🐾 괜찬냥이 길을 잘 찾아갈 수 있도록 도와주세요. 갈림길에 있는 ○, × 문제의 정답 쪽으로 가면 된대요. 도착한 지점에는 '도착'이라고 써 주세요.

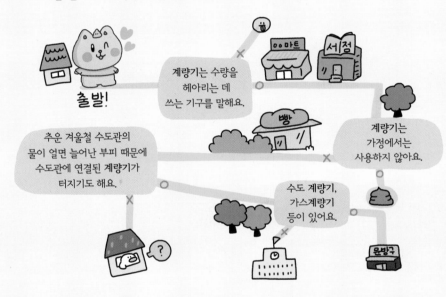

계량기는 수량을 헤아리는 데 쓰는 기구를 말해요.

추운 겨울철 수도관의 물이 얼면 늘어난 부피 때문에 수도관에 연결된 계량기가 터지기도 해요.

계량기는 가정에서는 사용하지 않아요.

수도 계량기, 가스계량기 등이 있어요.

 냥냥이와 문장대결

🐾 '계량기'라는 어휘를 넣어 괜찬냥과 문장 대결을 펼쳐 볼까요?

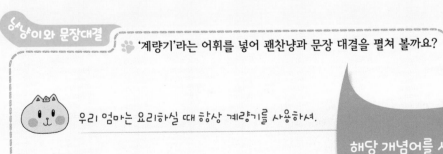

우리 엄마는 요리하실 때 항상 계량기를 사용하셔.

해당 개념어를 사용한 냥냥이의 문장을 보고, 대결하듯이 나도 한 번 만들어 본다.

# 차례

# 어휘랑 놀자 01

초성 퀴즈

둘레나 끝에 해당되는 부분을 무엇이라고 할까요?

ㄱ ㅈ ㅈ ㄹ → □ □ □ □

## 사행시 완성하기

🐾 냥냥이 친구들의 센스를 알아보는 시간이에요. 위 초성 퀴즈의 어휘를 가지고 재미있는 사행시를 완성해 보세요.

가

 나무 완성하기

🐾 텅 비어 있는 나무는 너무 쓸쓸해 보이죠? 가지만 있는 나무에 다양한 가장자리 모양
을 가진 나뭇잎을 그리고 예쁘게 색칠해 나무를 완성해 주세요.

> 예 가장자리가 매끈한 잎, 가장자리가 톱니모양인 잎, 가장자리가 갈라진 잎 등

### 냥이와 문장대결

🐾 '가장자리'라는 어휘를 넣어 알갓냥과 문장 대결을 펼쳐 볼까요?

 식물을 분류할 때 잎의 가장자리 모양을 기준으로 분류할 수 있어.

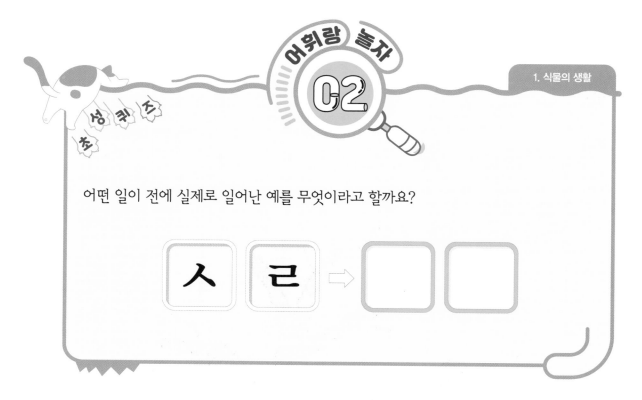

어휘랑 놀자 02

성쿼즈초

어떤 일이 전에 실제로 일어난 예를 무엇이라고 할까요?

ㅅ ㄹ ⇒ ☐ ☐

## 글자 다리 건너기

🐾 괜찬냥이 시냇물을 건너려고 해요. '어떤 일이 전에 실제로 일어난 예'라는 뜻을 가진 낱말의 자음, 모음이 적힌 돌만 밟아야 건너갈 수 있대요. 어떤 돌을 밟아야 할지 색칠해 보세요.

정답 108쪽

**OX 퀴즈**

냥냥이 친구들이 '사례'에 대한 내용을 공부하고 있어요. 내용이 맞으면 ○ 버튼 위에, 틀리면 × 버튼 위에 ∨표시를 해 주세요.

| 문제 | ○ × 버튼 | |
|---|---|---|
| (1) '사례'는 한자어로, 어떤 일이 전에 실제로 일어난 예를 뜻하는 말이다. | ○ | × |
| (2) '사례'와 비슷한 뜻을 가진 낱말에는 '보기', '경우' 등이 있다. | ○ | × |
| (3) 구체적인 사례를 들어 설명하면 훨씬 쉽게 이해할 수 있다. | ○ | × |

**냥냥이와 문장대결**

'사례'라는 어휘를 넣어 머라냥과 문장 대결을 펼쳐 볼까요?

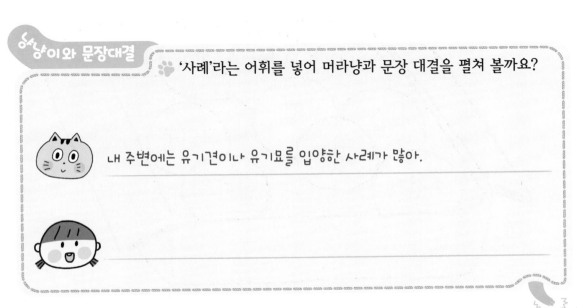

내 주변에는 유기견이나 유기묘를 입양한 사례가 많아.

11

초성 퀴즈

어휘랑 놀자 **03**

생활에 필요한 물품을 무엇이라고 할까요?

ㅅ ㅎ ㅇ ㅍ →

개념 이해하기

🐾 다음 상자 안에 어휘 공들이 들어 있어요. 생활용품이 적혀 있는 공을 찾아 ○표 하세요.

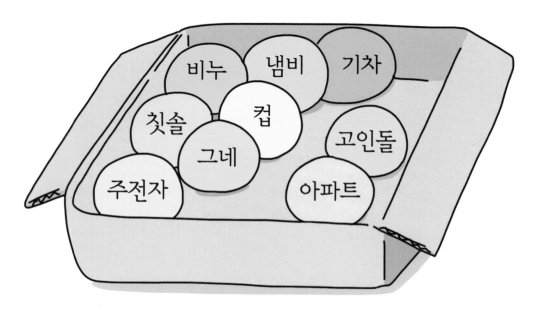

**어휘 찾기**

🐾 다음 어휘 퍼즐 속에는 생활용품 3개의 이름과 냥냥이 이름 3개가 숨어 있어요. 어떤 생활용품과 냥냥이가 보이나요? 찾아서 ○표 하세요.

| 빗 | 카 | 놀 | 랑 | 오 | 고 | 청 | 쓰 |
|---|---|---|---|---|---|---|---|
| 자 | 냥 | 쩌 | 어 | 미 | 영 | 레 | 관 |
| 루 | 라 | 디 | 아 | 차 | 기 | 버 | 냥 |
| 쥐 | 떼 | 스 | 놀 | 통 | 공 | 원 | 르 |
| 드 | 레 | 스 | 예 | 뽀 | 냥 | 달 | 모 |
| 양 | 달 | 크 | 스 | 마 | 하 | 지 | 만 |

(1) 내가 찾은 생활용품: ＿＿＿＿ , ＿＿＿＿ , ＿＿＿＿

(2) 내가 찾은 냥냥이: ＿＿＿＿ , ＿＿＿＿ , ＿＿＿＿

**냥냥이와 문장대결**

🐾 '생활용품'이라는 어휘를 넣어 예쁘냥과 문장 대결을 펼쳐 볼까요?

우리가 사용하는 생활용품에 미세플라스틱이 많이 들어 있대.

어휘랑 놀자
04

초성퀴즈

식물이 2년 이상 생존하는 일을 무엇이라고 할까요?

| ㅇ | ㄹ | ㅎ | ㅅ | ㅇ |

⇒ | | | | | |

길 찾기

🐾 알갓냥이 어쩌냥의 집을 찾아가려고 해요. 갈림길에 있는 문제를 풀어 어쩌냥의 집을 잘 찾아갈 수 있도록 도와주세요.

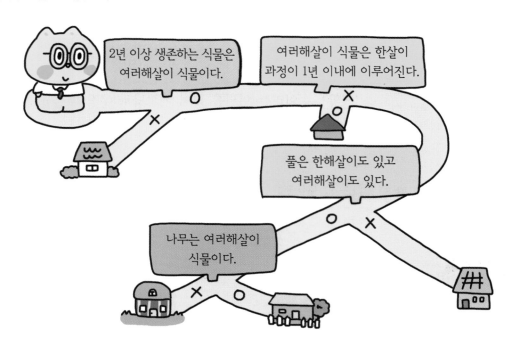

2년 이상 생존하는 식물은 여러해살이 식물이다.

여러해살이 식물은 한살이 과정이 1년 이내에 이루어진다.

풀은 한해살이도 있고 여러해살이도 있다.

나무는 여러해살이 식물이다.

 **글자 조합**

😺 감을 좋아하는 예쁘냥이 감을 따고 있어요. '식물이 2년 이상 생존하는 일'을 뜻하는 어휘를 만들 수 있는 감을 골라 주황색으로 칠하고, 찾은 글자를 아래에 순서대로 쓰세요.

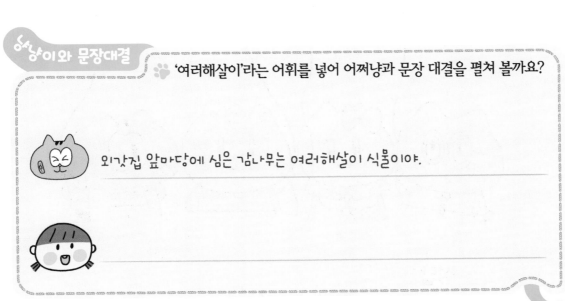

**냥이와 문장대결**

😺 '여러해살이'라는 어휘를 넣어 어쩌냥과 문장 대결을 펼쳐 볼까요?

외갓집 앞마당에 심은 감나무는 여러해살이 식물이야.

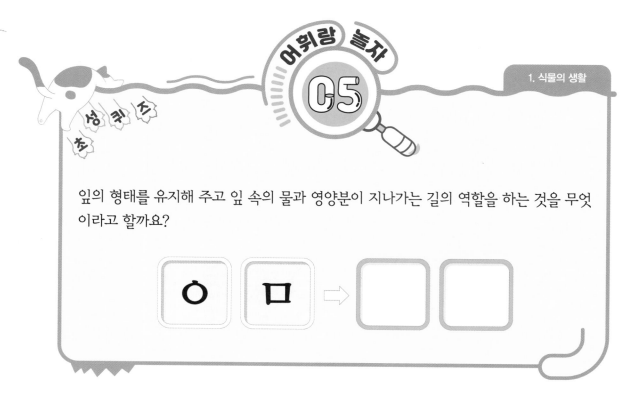

어휘랑 놀자

05

잎의 형태를 유지해 주고 잎 속의 물과 영양분이 지나가는 길의 역할을 하는 것을 무엇이라고 할까요?

| ㅇ | ㅁ | ⇒ | | |

### 냥냥이는 누구일까요?

🐾 다음 중 '잎맥'의 종류가 적힌 어휘 풍선을 들고 있는 냥냥이는 누구일까요?

그물맥

산맥

나란히맥

동맥

알갓냥    예쁘냥    괜찮냥    어쩌냥

정답 : ◯◯◯ , ◯◯◯

 **첫말 거꾸로 잇기, 끝말잇기**

'잎맥'으로 끝말잇기를 해볼까요? 잎맥의 '잎'을 거꾸로 이어 보고, 잎맥의 '맥'을 순서대로도 이어 보세요.

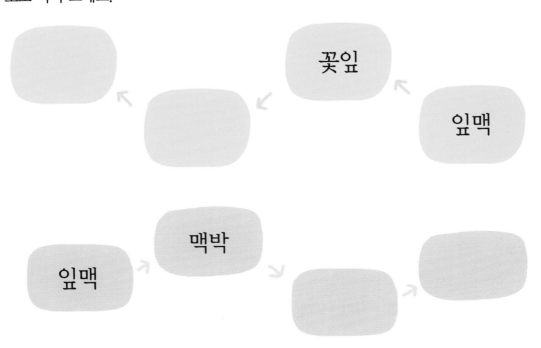

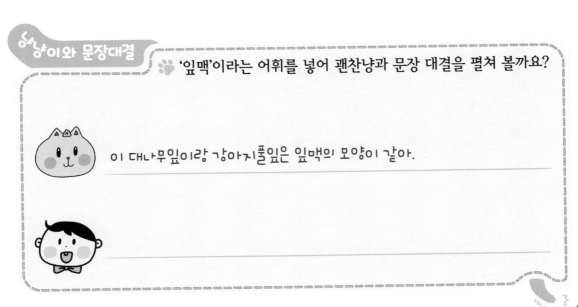

**야옹이와 문장대결**

'잎맥'이라는 어휘를 넣어 괜찬냥과 문장 대결을 펼쳐 볼까요?

이 대나무잎이랑 강아지풀잎은 잎맥의 모양이 같아.

어휘랑 놀자
06
초성퀴즈

잎사귀를 이루는 넓은 부분으로, 잎맥과 잎살로 이루어진 것을 무엇이라고 할까요?

ㅇ ㅁ → ☐ ☐

 **빠뜨린 어휘를 찾아라**

🐾 냥냥이들이 이야기를 하다가 빠뜨린 어휘들이 있어요. 문장에 어울리는 어휘를 찾아서 줄로 이어 주세요.

오늘 아침에 양치질을 하는데 (　　)에서 피가 나서 당황했어.

인사

오늘 아침 등굣길에 교장선생님을 만나 (　　)했더니 예의바르다고 칭찬 받았어.

잎몸

(　　)은/는 잎을 이루는 넓은 부분으로, 형태가 다양해.

잇몸

## 끝말잇기 퍼즐

🐾 끝말잇기 퍼즐을 채우고 있어요. 중간에 빠진 글자를 찾아서 적어 보세요.

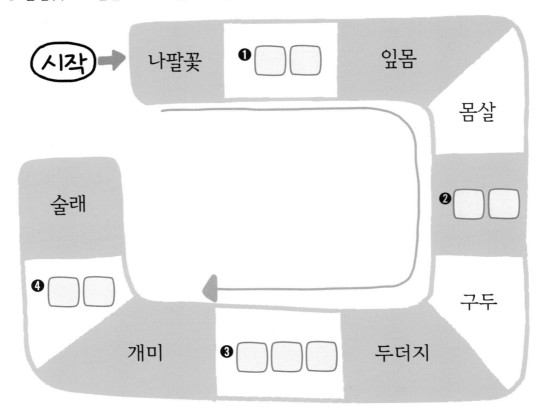

## 야옹이와 문장대결

'잎몸'이라는 어휘를 넣어 모르냥과 문장 대결을 펼쳐 볼까요?

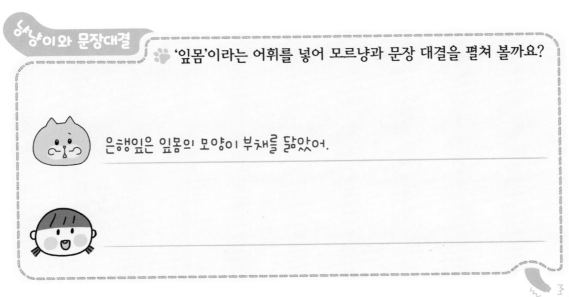

은행잎은 잎몸의 모양이 부채를 닮았어.

19

초성 퀴즈

어휘랑 놀자 07

잎몸을 줄기나 가지에 붙게 하는 꼭지 부분을 무엇이라고 할까요?

ㅇ ㅈ ㄹ ⇒ ☐ ☐ ☐

다섯 고개의 정답은?

냥냥이 친구들이 '잎의 구조'와 관련된 말에 대해 다섯 고개 놀이를 하고 있어요. 다섯 고개의 정답은 무엇일까요?

한 고개 — '잎' 자로 시작하나요? — 예.

두 고개 — 두 글자인가요? — 아니요.

세 고개 — 모든 잎에 다 있나요? — 아니요.

네 고개 — 잎몸과 연결된 부분인가요? — 예.

다섯 고개 — 꼭지 부분을 부르는 말인가요? — 예.

정답은 ( )(이)야. 정답!

## 어휘 쪽지 찾기

🐾 냥냥이 친구들이 운동장에서 어휘 쪽지 찾기 놀이를 하고 있어요. '잎몸을 줄기나 가지에 붙게 하는 꼭지 부분'이라는 뜻의 어휘가 적힌 쪽지를 찾으면 선물을 받을 수 있대요. 누가 선물을 받을지 들고 있는 쪽지에 색칠하세요.

꼬투리

잎자루

모서리

빗자루

## 냥냥이와 문장대결

🐾 '잎자루'라는 어휘를 넣어 알갓냥과 문장 대결을 펼쳐 볼까요?

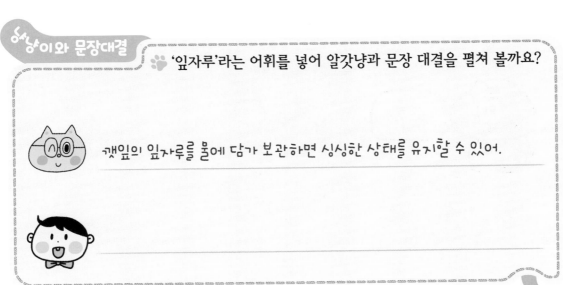

깻잎의 잎자루를 물에 담가 보관하면 싱싱한 상태를 유지할 수 있어.

초성 퀴즈

어휘랑 놀자 08

생물이 주위 환경에 적합하도록 형태적, 생리학적으로 변화하는 것을 무엇이라고 할까요?

ㅈ ㅇ ⇒ ☐ ☐

## 초성 보고 어휘 만들기

🐾 주어진 초성을 보고 어휘를 만들고 있어요. 친구들의 어휘 실력을 뽐내 볼 기회예요. 할 수 있는 만큼 빈칸을 채워 보세요.

자유

조율

ㅈㅇ

 **어휘 바르게 사용하기**

🐾 다음 냥냥이들 중 '적응'을 바르게 사용하지 못한 냥냥이는 누구인가요?

생물이 주위 환경에 적합하도록 변화하는 과정을 적응이라고 해.

알갓냥

나는 새로운 환경에 적응을 잘하는 편이야.

괜찬냥

이 옷에는 빨간 구두가 적응인데.

예뽀냥

미국에 사시는 할머니 댁에 다녀왔더니 시차 적응이 안 돼서 힘들어.

머라냥

정답: ☐ ☐ ☐

 **냥냥이와 문장대결** 🐾 '적응'이라는 어휘를 넣어 머라냥과 문장 대결을 펼쳐 볼까요?

 지난주에 전학 온 친구가 우리 반 분위기에 적응을 잘하는 것 같아.

봄에 싹이 터서 그해 가을에 열매를 맺고 죽는 일을 무엇이라고 할까요?

ㅎ ㅎ ㅅ ㅇ ⇒ ☐ ☐ ☐ ☐

숨은 어휘 찾기

다음 글자 판에 '봄에 싹이 터서 그해 가을에 열매를 맺고 죽는 일'이라는 뜻을 가진 어휘의 글자가 숨어 있어요. 한 글자씩 찾아 ○표한 후 아래에 그 어휘를 쓰세요.

| 말 | 장 | 집 | 해 | 일 | 생 | 활 | 이 |
|---|---|---|---|---|---|---|---|
| 디 | 리 | 털 | 연 | 인 | 성 | 위 | 광 |
| 인 | 한 | 냥 | 성 | 안 | 내 | 도 | 자 |
| 공 | 자 | 누 | 낱 | 상 | 살 | 제 | 율 |
| 위 | 긍 | 리 | 신 | 명 | 지 | 요 | 주 |

정답: ☐ ☐ ☐ ☐

섬에서 탈출하기

🐾 모르냥이 노란색 돌을 밟으면 섬에서 탈출할 수 있어요. 모르냥이 탈출할 수 있도록 바른 설명의 돌에 노란색을 칠해 주세요.

흥냥이와 문장대결

🐾 '한해살이'라는 어휘를 넣어 예쁘냥과 문장 대결을 펼쳐 볼까요?

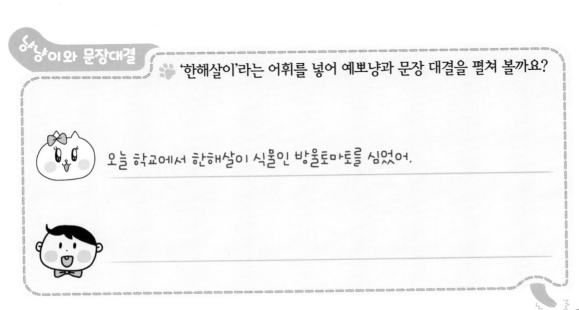

오늘 학교에서 한해살이 식물인 방울토마토를 심었어.

어휘랑 놀자 10

초성퀴즈

수증기를 내어 실내의 습도를 조절하는 전기 기구를 무엇이라고 할까요?

ㄱ　ㅅ　ㄱ　→　□　□　□

## 가장 필요한 물건은?

머라냥 가족들은 저마다 하나씩 필요한 물건이 있대요. 그런데 한꺼번에 다 살 수는 없어서 까닭을 들어보고 가장 필요한 물건부터 사기로 했어요. 가족회의를 한 결과 엄마가 제안하신 물건을 가장 먼저 사기로 했는데 어떤 물건일까요?

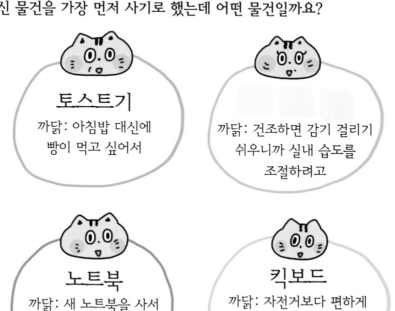

### 토스트기
까닭: 아침밥 대신에
빵이 먹고 싶어서

까닭: 건조하면 감기 걸리기
쉬우니까 실내 습도를
조절하려고

### 노트북
까닭: 새 노트북을 사서
친구들에게 자랑하고
싶어서

### 킥보드
까닭: 자전거보다 편하게
탈 수 있고 중심 잡기 연습에
도움이 되니까

**주소를 찾아라**

🐾 친구들이 알갓냥의 생일에 초대를 받았어요. 그런데 초대장의 한 부분이 찢어져서 주소가 안 보이네요. 아래 문제를 풀면 몇 호인지 알 수 있대요. 알갓냥의 집은 몇 호일까요? (단, 번호를 차례대로 적으세요.)

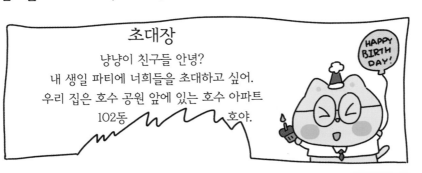

초대장

냥냥이 친구들 안녕?
내 생일 파티에 너희들을 초대하고 싶어.
우리 집은 호수 공원 앞에 있는 호수 아파트
102동 　　　　호야.

① 수증기를 내어 실내 습도를 조절하는 전기 기구를 **가습기**라고 해요.

② 방이 건조해지지 않도록 **가습기**를 틀어요.

③ **가습기**는 습기가 많은 여름철에 필요해요.

④ **가습기**는 물이 수증기로 변하는 원리를 이용한 거예요.

⑤ **가습기**와 같은 역할을 하는 것을 제습기라고 해요.

⑥ 물이끼나 솔방울로 천연 **가습기**를 만들 수 있어요.

알갓냥의 집은 ◯◯◯◯ 호

**냥이와 문장대결**

🐾 '가습기'라는 어휘를 넣어 어쩌냥과 문장 대결을 펼쳐 볼까요?

겨울이 오기 전에 내 방에 가습기를 새로 사 놓아야겠어.

어휘랑 놀자

11

최성퀴즈

수량을 헤아리는 데 쓰는 기구를 무엇이라고 할까요?

ㄱ　ㄹ　ㄱ　→

원반 끝말잇기

머라냥이 체육 시간에 원반을 밟고 건너는 놀이를 하고 있어요. 머라냥과 함께 원반을 밟으며 끝말잇기 놀이를 해 볼까요?

**길 찾기**

🐾 괜찮냥이 길을 잘 찾아갈 수 있도록 도와주세요. 갈림길에 있는 ○, × 문제의 정답 쪽으로 가면 된대요. 도착한 지점에는 '도착'이라고 써 주세요.

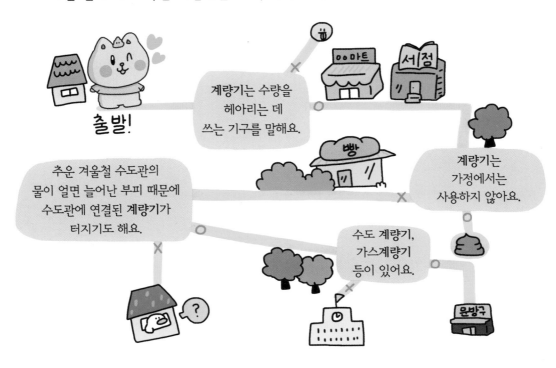

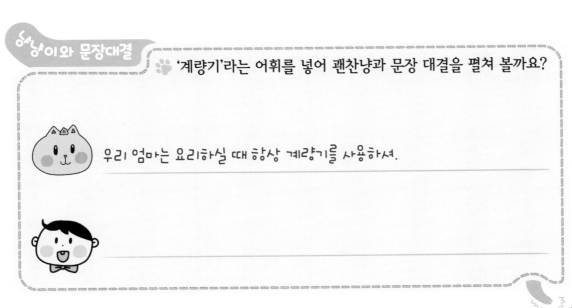
**냥이와 문장대결**

🐾 '계량기'라는 어휘를 넣어 괜찮냥과 문장 대결을 펼쳐 볼까요?

우리 엄마는 요리하실 때 항상 계량기를 사용하셔.

어휘랑 놀자 12

초성퀴즈

액체나 고체 속에 기체가 들어가 거품처럼 둥그렇게 부풀어 있는 것을 무엇이라고 할까요?

ㄱ 　 ㅍ ⇒ ☐ ☐

 문장 완성하기

🐾 보물찾기에서 냥냥이가 보물 쪽지 하나를 찾았어요. 보물 쪽지에는 '기포'의 뜻이 적혀 있는데, 쪽지가 찢어져서 세 군데의 내용이 안보이네요. 아래 표에서 알맞은 어구를 골라 ○표 하고 '기포'를 설명하는 문장을 완성하세요.

기포란 액체나 고체 속에　　가 들어가　　처럼 둥그렇게　　있는 것이다.

| 구름 | 기체 | 풍선 | 원래대로 |
|------|------|------|----------|
| 물 | 갈라져 | 거품 | 부풀어 |

기포란 _____

 **숨어 있는 글자를 찾아라**

🐾 주어진 숫자에 알맞은 색을 칠하여 숨어 있는 글자를 찾아볼까요?

| 4 | 4 | 4 | 4 | 4 | 2 | 4 | 4 | 4 | 4 | 4 | 4 | 4 | 4 |
|---|---|---|---|---|---|---|---|---|---|---|---|---|---|
| 2 | 2 | 2 | 2 | 1 | 2 | 1 | 3 | 3 | 3 | 3 | 3 | 3 | 3 |
| 1 | 1 | 1 | 2 | 1 | 2 | 1 | 1 | 1 | 3 | 1 | 3 | 1 | 1 |
| 1 | 1 | 1 | 2 | 1 | 2 | 1 | 1 | 1 | 3 | 1 | 3 | 1 | 1 |
| 1 | 1 | 1 | 2 | 1 | 2 | 1 | 3 | 3 | 3 | 3 | 3 | 3 | 3 |
| 1 | 1 | 1 | 2 | 1 | 2 | 1 | 1 | 1 | 1 | 3 | 1 | 1 | 1 |
| 1 | 1 | 1 | 1 | 1 | 2 | 1 | 1 | 1 | 1 | 3 | 1 | 1 | 1 |
| 1 | 1 | 1 | 1 | 1 | 2 | 1 | 3 | 3 | 3 | 3 | 3 | 3 | 3 |
| 4 | 4 | 4 | 4 | 4 | 2 | 4 | 4 | 4 | 4 | 4 | 4 | 4 | 4 |

1: 노랑, 2: 하늘, 3: 연두, 4: 회색          **정답:**

 모르냥이와 문장대결

🐾 '기포'라는 어휘를 넣어 모르냥과 문장 대결을 펼쳐 볼까요?

 청량음료를 컵에 따랐더니 기포가 뽀글뽀글 올라오네.

어휘랑 놀자 **13**

2. 물의 상태 변화

물건이 무거운 정도를 무엇이라고 할까요?

ㅁ ㄱ → ☐ ☐

---

### 캐치마인드 퀴즈

🐾 캐치마인드는 문제에 맞는 그림을 그리며 퀴즈를 푸는 게임이에요. 여러분의 어휘 센스를 테스트해 볼까요? 머라냥처럼 해당 어휘를 떠올릴 수 있는 그림을 창의적으로 그려 보세요.

| | 소비 | |
| --- | --- | --- |
| | 무게 | |

 문장 만들기

🐾 냥냥이들이 주어진 낱말로 문장 만들기 놀이를 하고 있어요. 괜찬냥이 한 것처럼 세 개
의 낱말을 가지고 재미있는 문장을 만들어 보세요.

예 연필, 칼, 먹었다.
→ 연필을 깎으려고 칼을 찾다가, 동생이 숨겨둔 빵을
발견해서 먹었다.

❶ 고구마, 무게, 예뻤다.

→

❷ 무게, 동생, 뛰어갔다.

→

아냥이와 문장대결

🐾 '무게'라는 어휘를 넣어 알갓냥과 문장 대결을 펼쳐 볼까요?

 1kg짜리 아령이 나한테 가장 적당한 무게인 것 같아.

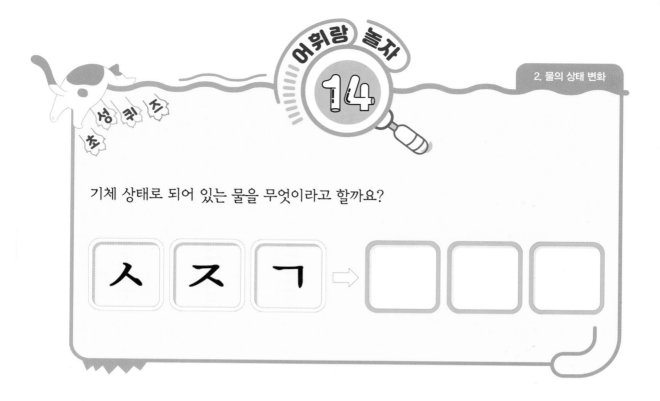

어휘랑 놀자 14

초성퀴즈

기체 상태로 되어 있는 물을 무엇이라고 할까요?

ㅅ ㅈ ㄱ ⇒ ☐ ☐ ☐

시작 단어로 돌아오기

🐾 '수증기'로 시작해서 '수증기'로 끝나는 끝말잇기예요. 빈칸에 들어갈 낱말을 써 보세요.

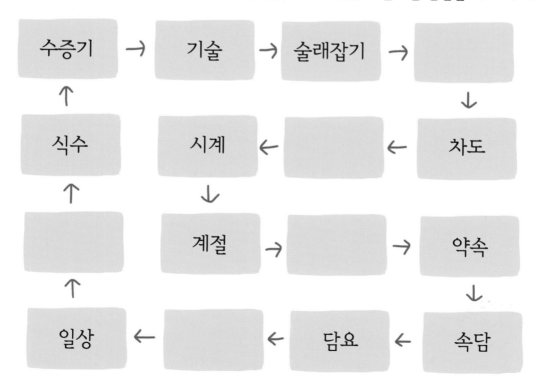

수증기 → 기술 → 술래잡기 →

↑                              ↓

식수    시계 ←    ←    차도

↑        ↓

       계절 →    → 약속

↑                              ↓

일상 ←    ← 담요 ← 속담

 **좌표를 읽어라**

🐾 좌표를 읽으면 원하는 글자를 찾을 수 있어요. 주어진 좌표를 읽고 머라냥이 찾고 있는 어휘를 찾아 쓰세요.

좌표(가, 3)은 '탁'을 나타내요.

| 좌표 | 가 | 나 | 다 | 라 | 마 |
|---|---|---|---|---|---|
| 1 | 식 | 상 | 냥 | 톡 | 정 |
| 2 | 당 | 기 | 신 | 박 | 수 |
| 3 | 탁 | 강 | 더 | 관 | 숙 |
| 4 | 차 | 균 | 서 | 책 | 도 |
| 5 | 표 | 게 | 증 | 조 | 나 |

① '기체 상태로 되어 있는 물'을 가리키는 말은 좌표 (마, 2) (다, 5) (나, 2) 이다.

② '수증기의 힘으로 달리는 기관차'는 (다, 5) (나, 2) (나, 2) (라, 3) (가, 4) 이다.

 **냥이와 문장대결**

🐾 '수증기'라는 어휘를 넣어 머라냥과 문장 대결을 펼쳐 볼까요?

뜨거운 수증기에 화상을 입어서 손에 물집이 생겼어.

어휘랑 놀자 15

초성퀴즈

수증기가 물로 변하는 현상을 무엇이라고 할까요?

ㅇ ㄱ ⇒ □ □

냥냥이가 타야 할 버스는?

🐾 오늘은 즐거운 소풍날이에요. 냥냥이 친구들 모두 신이 났어요. 그런데 몇 번 버스를 타야 하는 걸까요? 다음 문제를 풀어 냥냥이들이 타야 할 버스 번호를 알아낸 다음, 버스에 적어 주세요.

| 문제 | 맞으면 1, 틀리면 2 | 숫자를 순서대로 이어 쓰면 버스 번호가 됩니다. |
|---|---|---|
| 응결은 수증기가 물로 변하는 현상을 말한다. | | |
| 추운 곳에서 따뜻한 곳으로 갔을 때 안경이 뿌옇게 흐려지는 것은 수증기가 응결했기 때문이다. | | |
| 젖은 머리카락이 마르는 것도 응결의 예이다. | | |

## 퀴즈의 정답은?

🐾 퀴즈의 힌트가 적힌 풍선들이에요. 풍선의 어휘를 연결해서 문장을 만들면 퀴즈 문제를 알 수가 있대요. 퀴즈를 완성하고 정답도 맞혀 보세요.

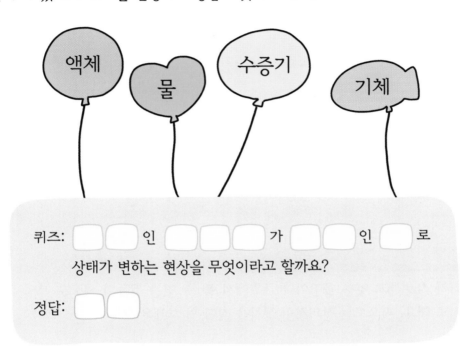

퀴즈: ☐☐ 인 ☐☐☐ 가 ☐☐ 인 ☐ 로 상태가 변하는 현상을 무엇이라고 할까요?

정답: ☐☐

## 응냥이와 문장대결

🐾 '응결'이라는 어휘를 넣어 예쁘냥과 문장 대결을 펼쳐 볼까요?

수증기가 응결하면 물이 만들어지는 거지.

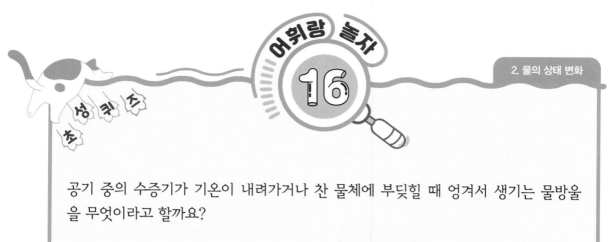

어휘랑 놀자 16

초성 퀴즈

공기 중의 수증기가 기온이 내려가거나 찬 물체에 부딪힐 때 엉겨서 생기는 물방울을 무엇이라고 할까요?

ㅇ  ㅅ  →  ☐  ☐

 새로운 쓰임새를 찾아라

🐾 우리가 사용하고 있는 물건이나 주위에서 볼 수 있는 것들의 새로운 쓰임새를 생각해 보기로 해요. 떠오르는 창의적인 생각을 찾아 써 보세요.

(1) 지우개는 보통 글씨를 지우는 데 사용됩니다. 글씨를 지우는 것 외에 지우개를 또 어떻게 사용할 수 있을까요?

예1 이름을 새겨서 도장으로 사용해요.

예2 주사위 놀이를 할 때 말로 사용해요.

내 생각

(2) 아침 일찍 산책하다 보면 풀잎에 이슬이 맺혀 있어요. 이 이슬을 가지고 무엇을 할 수 있을까요?

예1 이슬방울을 모아 식물에 물을 줘요.

예2 이슬을 얼려 얼음으로 만들어요.

내 생각

 **사다리 타기**

🐾 냥냥이가 명절을 맞아 시골에 계신 할머니 댁에 가기로 했어요. 사다리를 타고 내려가서 만나는 문제가 '이슬'에 대한 옳은 설명일 경우에 그 교통수단을 이용할 수 있어요. 할머니 댁에 무엇을 타고 갈 수 있는지 찾아서 그 교통수단의 이름을 적어 보세요.

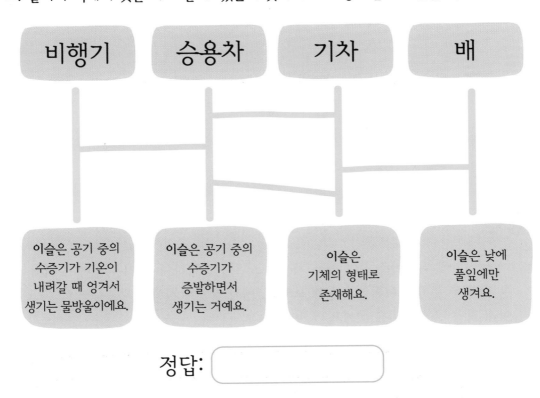

| 비행기 | 승용차 | 기차 | 배 |
|---|---|---|---|

이슬은 공기 중의 수증기가 기온이 내려갈 때 엉겨서 생기는 물방울이에요.

이슬은 공기 중의 수증기가 증발하면서 생기는 거예요.

이슬은 기체의 형태로 존재해요.

이슬은 낮에 풀잎에만 생겨요.

정답: [　　　　　]

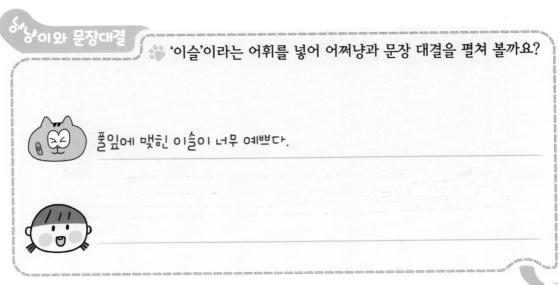

**냥냥이와 문장대결** 🐾 '이슬'이라는 어휘를 넣어 어쩌냥과 문장 대결을 펼쳐 볼까요?

풀잎에 맺힌 이슬이 너무 예쁘다.

어휘랑 놀자 17

초성 퀴즈

습기를 없애기 위해 사용하는 기계를 무엇이라고 할까요?

ㅈ ㅅ ㄱ →

뒤죽박죽 초성 퀴즈

다음 칠판에 뒤죽박죽 섞여 있는 자음과 모음을 조합하여 '습기를 없애기 위해 사용하는 기계'를 뜻하는 어휘를 완성해 보세요. 먼저 알맞은 자음과 모음을 찾아 ○표 한 뒤, 아래 정답 칸에 어휘를 쓰세요.

정답:

알갓냥과 모르냥이 문자를 주고받는 중이에요. 알갓냥이 말하는 전기 기구는 무엇일까요?

정답: ☐☐☐

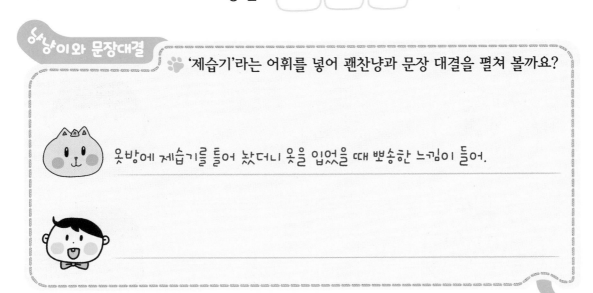

'제습기'라는 어휘를 넣어 괜찮냥과 문장 대결을 펼쳐 볼까요?

옷방에 제습기를 틀어 놨더니 옷을 입었을 때 뽀송한 느낌이 들어.

41

어휘랑 놀자 18

인간이 지각할 수 있는 사물의 모양과 상태를 무엇이라고 할까요?

ㅎ ㅅ → ☐ ☐

**자신만만 어휘 대결**

🐾 우리가 평소에 사용하는 말 중에 '현상'이 들어가는 말에는 어떤 말이 있을까요? 냥냥
이들과 한판 대결을 벌여 보세요.

나부터 할게.
**착시 현상**

그렇다면 나는,
_____

제법인걸?
**열대야 현상**

와, 대단해!
_____

음, 이 말이 있지.
_____

나도 생각났어.
_____

### 옳은 팻말 어휘 찾기

다음 팻말에 적힌 설명을 읽고 맞으면 ○, 틀리면 ×를 선택하여 찾은 어휘를 쓰세요.

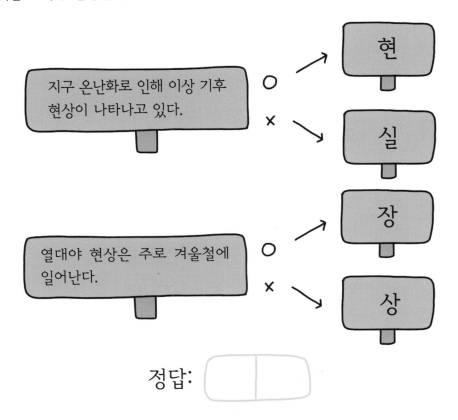

지구 온난화로 인해 이상 기후 현상이 나타나고 있다. ○→현 ×→실

열대야 현상은 주로 겨울철에 일어난다. ○→장 ×→상

정답:

### 냥이와 문장대결

'현상'이라는 어휘를 넣어 모르냥과 문장 대결을 펼쳐 볼까요?

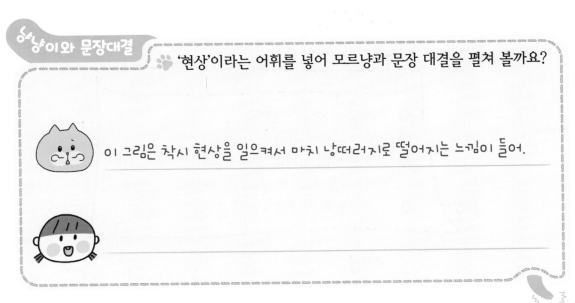

이 그림은 착시 현상을 일으켜서 마치 낭떠러지로 떨어지는 느낌이 들어.

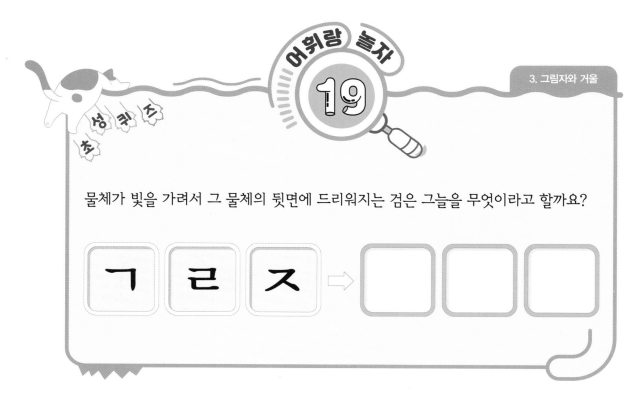

 그림자 놀이

🐾 그림자를 이용하여 그림을 그려 볼까요? 종이 위에 원하는 물체를 올려 놓고 주변을 어둡게 한 뒤, 물체를 향해 손전등을 비추어 보세요. 물체의 그림자가 생겼죠? 그림자를 따라 그린 뒤 나만의 그림으로 완성하고 멋있는 제목도 붙여 보세요.

그림 제목: _____

 야냥이와 문장대결

🐾 '그림자'라는 어휘를 넣어 알갓냥과 문장 대결을 펼쳐 볼까요?

친구들이랑 그림자 사진을 찍었는데 여러 가지 재미 있는 사진들이 많이 나왔어.

_____

_____

어휘랑 놀자 20

초성퀴즈

목표한 곳이나 일정한 수준에 다다르는 것을 무엇이라고 할까요?

ㄷ ㄷ →

공통 글자를 찾아라!

🐾 다음 빙고 칸 가운데에 공통으로 들어가는 글자를 찾아 적어 주세요. 그리고 각각의 글자를 합하면 어떤 어휘가 되는지 쓰세요.

| 도시 | 도착 | 태권도 |
|---|---|---|
| 포도 | | 도둑 |
| 도로 | 파도 | 속도 |

| 배달 | 달력 | 전달 |
|---|---|---|
| 달빛 | | 반달 |
| 발달 | 금메달 | 달걀 |

정답:

 어울리지 않는 단어 고쳐 쓰기

다음 일기를 읽고, 파란색으로 표시된 단어 중에서 문맥에 어울리지 않는 단어를 찾아 바르게 고쳐 보세요.

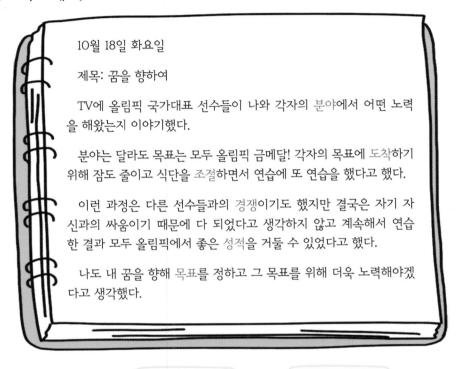

10월 18일 화요일

제목: 꿈을 향하여

TV에 올림픽 국가대표 선수들이 나와 각자의 분야에서 어떤 노력을 해왔는지 이야기했다.

분야는 달라도 목표는 모두 올림픽 금메달! 각자의 목표에 도착하기 위해 잠도 줄이고 식단을 조절하면서 연습에 또 연습을 했다고 했다.

이런 과정은 다른 선수들과의 경쟁이기도 했지만 결국은 자기 자신과의 싸움이기 때문에 다 되었다고 생각하지 않고 계속해서 연습한 결과 모두 올림픽에서 좋은 성적을 거둘 수 있었다고 했다.

나도 내 꿈을 향해 목표를 정하고 그 목표를 위해 더욱 노력해야겠다고 생각했다.

정답: [        ] ➡ [        ]

 '도달'이라는 어휘를 넣어 머라냥과 문장 대결을 펼쳐 볼까요?

 오늘 내 동생 때문에 인내심이 한계에 도달했어.

47

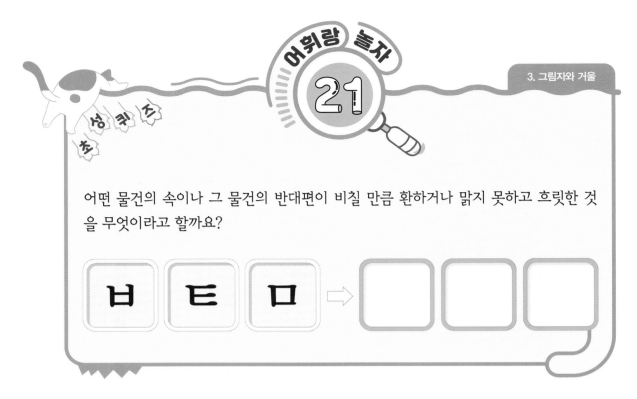

3. 그림자와 거울

어떤 물건의 속이나 그 물건의 반대편이 비칠 만큼 환하거나 맑지 못하고 흐릿한 것을 무엇이라고 할까요?

ㅂ  ㅌ  ㅁ →

**글자 조합하기**

🐾 모르냥이 비눗방울 놀이를 하고 있어요. 비눗방울에 적힌 글자 중 다음 문장의 □□와 △△에 들어갈 글자를 골라서 써 보세요.

> 어떤 물건의 속이나 그 물건의 반대편이 비칠 만큼 환하거나 맑지 못하고
> □□한 것을 '불투명'이라고 한다. 반대말은 △△이다.

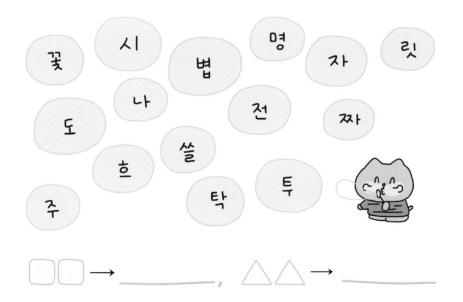

□□ → _____ ,    △△ → _____

48

## 스도쿠 완성하기

🐾 스도쿠를 알고 있나요? 규칙을 잘 읽어보고, 불투명한 물건으로 스도쿠를 완성해 보세요.

규칙
❶ 가로 한 줄에 불투명한 물건 한 번씩 들어가기
❷ 세로 한 줄에 불투명한 물건 한 번씩 들어가기
❸ 진한 칸(4칸) 안에 불투명한 물건 한 번씩 들어가기

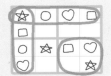

|  | 도자기 컵 | 주전자 |  |
|---|---|---|---|
| 인형 |  | 도자기 컵 |  |
| 주전자 | 인형 | 자전거 |  |
|  | 자전거 |  |  |

## 예뿌냥이와 문장대결

🐾 '불투명'이라는 어휘를 넣어 예뿌냥과 문장 대결을 펼쳐 볼까요?

어항의 물을 며칠 안 갈아줬더니 물 색깔이 점점 불투명해지고 있어.

어휘랑 놀자

**22**

초성퀴즈

동, 서, 남, 북 네 방위를 통틀어 무엇이라고 할까요?

ㅅ ㅂ ⇒ ☐ ☐

숨은 글자 찾기

🐾 매일 오고 가는 등굣길의 여러 간판에서 오늘 공부한 '사방'의 '사' 자와 '방' 자를 찾을
수 있어요. 어디에 있을까요? 찾아서 ○표 해 보세요. 그리고 '사'와 '방'이 들어가는 낱
말을 2개씩 써 보세요.

사 | 사자, _____ ,

방 | 방송국, _____ ,

 노트북 비밀번호 찾기

🐾 어쩌냥이 오빠의 노트북을 쓰려고 하는데, 오빠가 노트북에 비밀번호를 걸어놓았어요. 다음은 비밀번호를 풀 수 있는 힌트예요. 어쩌냥이 문제를 풀도록 도와주세요. 바른 설명의 번호를 순서대로 적은 것이 노트북의 비밀번호라고 해요.

❶ 사방은 동, 서, 남, 북 네 방위를 통틀어 이르는 말이다.

❷ 사방과 비슷한 말로는 동서남북, 여기저기 등이 있다.

❸ 우리나라는 사방이 바다로 둘러싸여 있다.

❹ 태양 빛은 사방으로 곧게 나아간다.

❺ 우리나라 전래놀이 중 하나인 사방치기는 사방으로 흩어진 친구들을 찾아 잡는 놀이이다.

비밀번호:

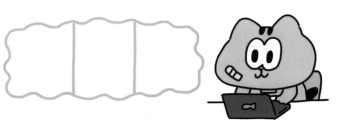

 냥이와 문장대결

🐾 '사방'이라는 어휘를 넣어 어쩌냥과 문장 대결을 펼쳐 볼까요?

옆집 개 짖는 소리가 얼마나 큰지 온 사방에 울려 퍼졌어.

우리 주변에는 외래어와 한자어가 많이 있어요. 예뽀냥은 우리말을 아끼고 사랑하는 일이 나라를 사랑하는 길이라고 생각해요. 그럼 이제 예뽀냥과 함께 보기 를 참고해서 오늘 배운 '스크린'이라는 외래어를 순수한 우리말로 바꿔 보세요.

보기

• 벨트 → 허리묶기 끈, 허리조임 끈
• 조명 → 밝게 비추는 빛, 빛밝힘이

스크린 →

정답 113쪽

## 설명에 알맞은 낱말 찾기

🐾 다음 설명에 해당하는 어휘를 찾아 ○표 하세요. (어휘는 가로, 세로, 대각선으로 연결되어 있어요.)

❶ 영화나 환등(幻燈) 따위를 투영하기 위한 백색 또는 은색의 막
❷ 영상을 확대하여 스크린에 비추어 주는 기기 (힌트: ㅍㄹㅈㅌ)
❸ 스크린과 비슷한 말 (힌트: ㅇㅁ)
❹ 승강장과 전동차가 다니는 선로 사이를 차단하는 문 (힌트: 스크린 ㄷㅇ)

| 탁 | 강 | 수 | 프 | 한 | 배 |
|---|---|---|---|---|---|
| 계 | 구 | 얌 | 농 | 축 | 야 |
| 프 | 인 | 장 | 민 | 애 | 스 |
| 로 | 피 | 은 | 골 | 크 | 박 |
| 젝 | 막 | 약 | 린 | 턴 | 파 |
| 터 | 풀 | 드 | 무 | 도 | 어 |

### 냥이와 문장대결

🐾 '스크린'이라는 어휘를 넣어 괜찬냥과 문장 대결을 펼쳐 볼까요?

벽에 스크린을 내려서 영화를 보면 화면이 커서 아주 실감나게 영화를 즐길 수 있어.

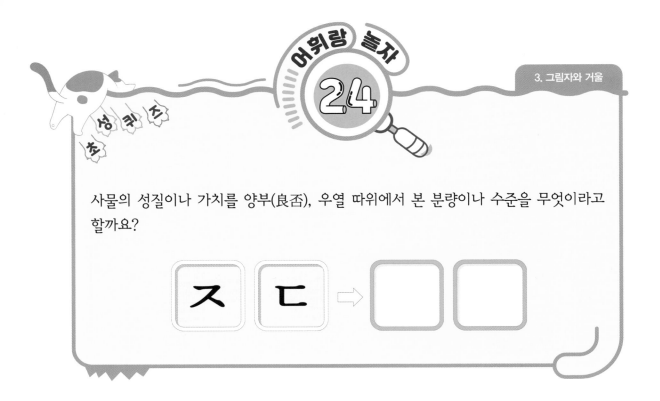

사물의 성질이나 가치를 양부(良否), 우열 따위에서 본 분량이나 수준을 무엇이라고 할까요?

ㅈ ㄷ →

**벌집 모양 끝말잇기**

한 줄 끝말잇기만 하면 심심하잖아요. 앞말도 이어보고, 끝말도 두 개, 세 개씩 이어 볼까요?

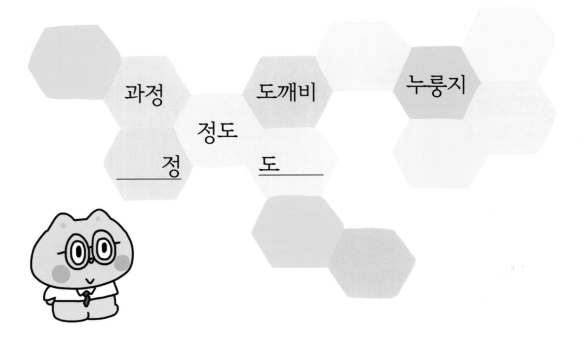

과정     도깨비     누룽지

정도

정___     도___

 **바른 내용 고르기**

🐾 냥냥이들이 모여서 '정도'라는 어휘에 대해 이야기를 하고 있어요. '정도'에 대한 바른
내용이 써 있는 책에 색칠해 주세요.

이 문제는
초등학생이 풀
정도의 문제라고
생각해.

분량이나 수준을
'정도'라고
해요.

정도와 비슷한
말로는 규모, 급,
수준과 같은
단어가 있어.

나의 한 달 용돈은
5천 원 정도인데
조금 부족할
때도 있어.

**냥냥이와 문장대결** 🐾 '정도'라는 어휘를 넣어 모르냥과 문장 대결을 펼쳐 볼까요?

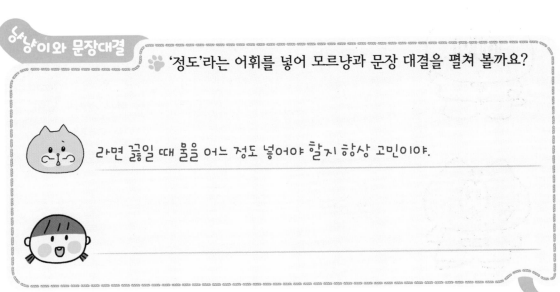

라면 끓일 때 물을 어느 정도 넣어야 할지 항상 고민이야.

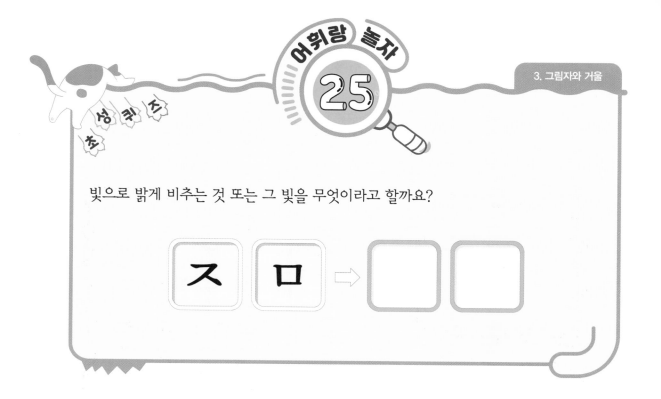

빛으로 밝게 비추는 것 또는 그 빛을 무엇이라고 할까요?

ㅈ ㅁ ⇒ ☐ ☐

 **동생에게 설명해 주기**

🐾 어쩌냥은 오늘 배운 어휘 '조명'을 동생에게 설명해 주려고 해요. 어떻게 하면 이 어휘를 동생이 이해하기 쉽게 설명해 줄 수 있을까요? 알갓냥의 시범을 보고 내가 어쩌냥이라면 어떻게 설명해 줄지 써 보세요.

| 스크린 | 영화관에 가면 큰 화면에 영상을 비춰 주잖아. 그 화면을 스크린이라고 해. 막이라고도 하지. 크기는 다양해. 우리가 과학실에서 그림자 실험을 할 때는 크기가 작은 막, 즉 작은 스크린을 세워놓고 그림자 실험을 하는 것처럼 말야. |
|---|---|

| 조명 | |
|---|---|

56

## 조명이 필요한 장소는?

🐾 다음 다양한 장소 중에서 '조명'이 필요한 장소만 찾아 중앙의 조명에 선으로 연결해 보세요.

방송국

공연장

한낮의 바다

지하실

그림자 연극

햇살이 비치는 공원

예식장

## 알냥이와 문장대결

🐾 '조명'이라는 어휘를 넣어 알갓냥과 문장 대결을 펼쳐 볼까요?

 나는 책 읽을 때 조명이 너무 밝으면 오히려 눈이 아파.

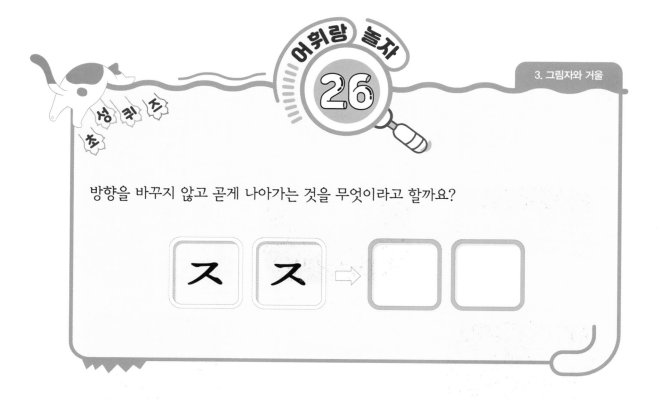

어휘랑 놀자
26

최성퀴즈

방향을 바꾸지 않고 곧게 나아가는 것을 무엇이라고 할까요?

ㅈ    ㅈ ⇨ ☐ ☐

 보물이 숨겨진 자리를 찾아라!

🐾 보물이 숨겨진 자리를 찾으러 떠나볼까요? '길 안내도'를 따라 가다 보면 보물이 숨겨진 곳을 발견할 수 있대요. 찾으러 가는 길을 빨간 색연필로 표시하고, 보물이 숨겨진 칸을 좋아하는 색으로 칠해 보세요.

### 길 안내도

❶ 오른쪽으로 4칸
 직진
❷ 위로 3칸 직진
❸ 왼쪽으로 2칸 직진
❹ 아래로 1칸 직진
❺ 왼쪽으로 1칸 직진하면
 도착!

출발 ➡

OX 퀴즈의 끝은?

🐾 ○× 퀴즈 대회가 열렸어요. 문제를 읽으며 내가 생각하는 답을 따라 올라가 마지막에 나온 동물에 ○표 하세요.

| 퀴즈 1 | 방향을 바꾸지 않고 곧게 나아가는 것을 '직진'이라고 해. |
| 퀴즈 2 | 빛은 직진하는 성질을 가졌어. |
| 퀴즈 3 | 직진과 비슷한 말로는 지진, 추진 등이 있어. |
| 퀴즈 4 | 교통안전 표지판 중에 ⬆ 은 윗길로 가라는 뜻이야. |
| 퀴즈 5 | 꺾이거나 굽은 데가 없는 곧은 선을 직선이라고 해. |

퀴즈 5

퀴즈 4

퀴즈 3

퀴즈 2

퀴즈 1

O : →

X : →

야옹이와 문장대결 🐾 '직진'이라는 어휘를 넣어 머라냥과 문장 대결을 펼쳐 볼까요?

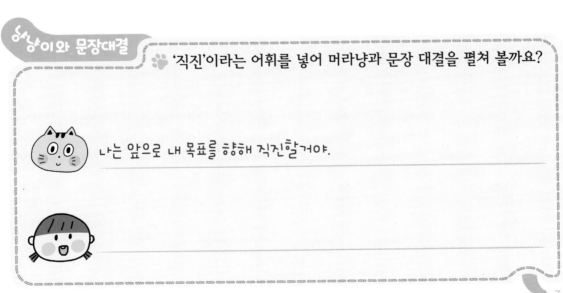

나는 앞으로 내 목표를 향해 직진할거야.

어휘랑 놀자 27

초성퀴즈

건물에 창 따위를 내서 햇빛이 들도록 하는 것을 무엇이라고 할까요?

ㅊ  ㄱ  →  ☐  ☐

이어질 내용 상상하기

🐾 제시어와 관련있는 짧은 글을 읽고, 뒤의 내용을 상상해서 이어 써 보세요. 단, 뒤의 내용에는 제시어가 꼭 들어가야 해요.

| 제시어 | 글쓰기 |
|---|---|
| 농촌 | 요즘 농촌에는 문제점들이 많다고 한다.<br>예 우리 할머니는 매일 '밭은 넓은데 일할 사람이 없어서 고민이야, 고민!'이라고 말씀하신다. 할머니와 통화할 때마다 학교에서 배운 농촌의 '일손 부족' 문제를 직접 느끼고 있다. |
| 채광 | 머라냥과 나는 타임머신을 타고 세계 여행을 시작했어요. 그러다 햇빛이 잘 비치지 않는 어두운 마을에 도착했어요. |

개념 이해하기

다음 설명이 맞으면 '맞다'에, 틀리면 '틀리다'에 ∨표 하세요.

건물에 창 따위를 내서
햇빛이 들도록 하는 것을
채광이라고 해요.

☐ 맞다  ☐ 틀리다

채광이 잘 되는 방은
낮에 어두워요.

☐ 맞다  ☐ 틀리다

자연 채광 장치는
거울로 빛을 반사하여
햇빛이 들지 않는 곳으로
빛을 보내요.

☐ 맞다  ☐ 틀리다

채광이 좋은 곳은
햇빛이 잘 들어 식물을
키우기에도 적합해요.

☐ 맞다  ☐ 틀리다

예쁜냥이와 문장대결

'채광'이라는 어휘를 넣어 예쁜냥과 문장 대결을 펼쳐 볼까요?

 새로 이사 온 집은 채광이 잘 돼서 참 좋아.

어휘랑 놀자 28

초성 퀴즈

어떤 곳이나 때를 거쳐서 지나가는 것을 무엇이라고 할까요?

ㅌ ㄱ →

사다리 타기

🐾 다음 문장에서 사용된 '통과'가 어떤 뜻인지 보기 에서 찾아보세요. 찾은 기호를 사다리를 타고 내려가 빈칸에 써 넣으세요.

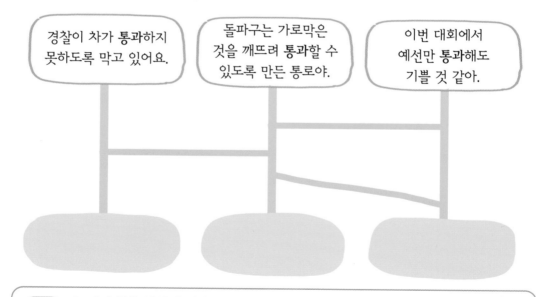

경찰이 차가 통과하지 못하도록 막고 있어요.

돌파구는 가로막은 것을 깨뜨려 통과할 수 있도록 만든 통로야.

이번 대회에서 예선만 통과해도 기쁠 것 같아.

보기
㉮ 어떤 곳을 통하여 지나감.
㉯ 검사나 시험 따위에서 합격함.
㉰ 장애물이나 난관을 뚫고 지나감.

정답 114쪽

**풍선 색칠하기**

냥냥이들이 들고 있는 풍선 중 바른 설명이 적혀 있는 풍선을 골라 원하는 색으로 칠하세요.

통과와 비슷한 말로는 돌파, 관통, 합격 등이 있어.

어떤 곳이나 때를 거쳐서 지나가는 것을 '통과'라고 하지.

빛은 모든 물체를 다 통과할 수 있어.

**냥냥이와 문장대결**

'통과'라는 어휘를 넣어 어쩌냥과 문장 대결을 펼쳐 볼까요?

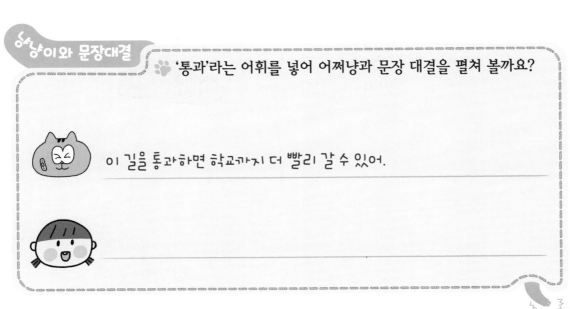

이 길을 통과하면 학교까지 더 빨리 갈 수 있어.

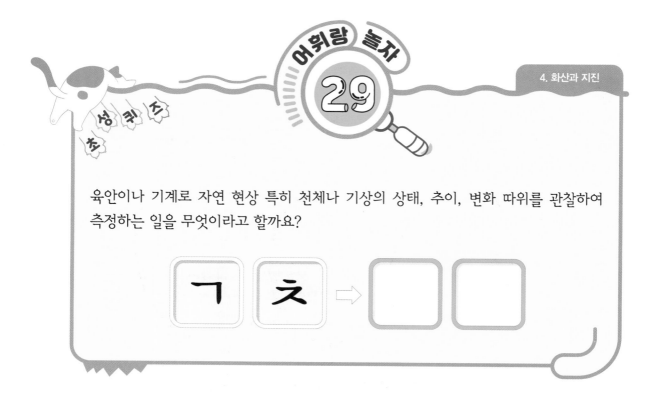

육안이나 기계로 자연 현상 특히 천체나 기상의 상태, 추이, 변화 따위를 관찰하여 측정하는 일을 무엇이라고 할까요?

ㄱ    ㅊ    →

 **암호표에서 정답을 찾아라!**

다음 네모 칸에 공통으로 들어갈 말을 찾으려고 해요. 아래 암호표를 이용하면 답을 찾을 수 있어요. 다행히 알갓냥이 암호를 풀 수 있는 힌트를 알고 있대요. 힌트를 잘 보고 답을 찾아보세요.

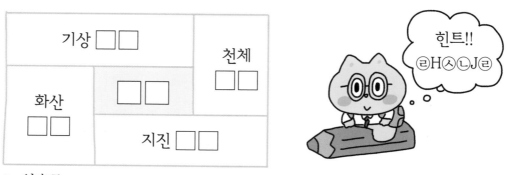

기상 □□

천체 □□

화산 □□

□□

지진 □□

힌트!!
ㄹHㅅㄴJㄹ

▶ 암호표

| ㉠ | ㉡ | ㉢ | ㉣ | ㉤ | ㉥ | ㉦ | ㉧ | ㉨ | ㉩ |
|---|---|---|---|---|---|---|---|---|---|
| ㅂ | ㅊ | ㄷ | ㄱ | ㅅ | ㅁ | ㄴ | ㅇ | ㄹ | ㅎ |
| A | B | C | D | E | F | G | H | I | J |
| ㅗ | ㅓ | ㅏ | ㅜ | ㅛ | ㅐ | ㅑ | ㅘ | ㅟ | ㅡ |

정답: □ □

 꽃잎 완성하기

🐾 어쩌냥은 꽃을 좋아해요. 어쩌냥과 함께 '관측'의 뜻이 바르게 적혀 있거나 알맞게 사용된 꽃잎에 분홍색을 칠해 주세요.

관측이란 기상, 천문 등의 자연 현상을 관찰하여 그 움직임을 측정하는 것을 말해.

관측과 비슷한 말에는 관찰, 측정 등이 있어.

관측

지진이 발생하면 전국에 설치된 지진 관측소에서 지진을 관측해서 우리에게 알려줘.

모든 별자리는 눈으로 다 관측할 수 있어.

화산을 직접 관측하는 것은 매우 흥미로운 일이야.

 냥이와 문장대결

🐾 '관측'이라는 어휘를 넣어 괜찬냥과 문장 대결을 펼쳐 볼까요?

 망원경으로 달을 관측해 보고 싶어.

어휘랑 놀자 30

초성 퀴즈

사물이나 현상의 크기나 범위를 무엇이라고 할까요?

ㄱ ㅁ ⇒ ☐ ☐

애벌레 완성하기

‘규모’라는 낱말과 비슷한 뜻을 가진 낱말을 찾아 애벌레에게 색깔 옷을 입혀 주려고 해
요. 아래 낱말 중 ‘규모’와 비슷한 뜻을 가진 낱말을 모두 골라 애벌레 마디에 적고 해당
되는 색깔도 칠해 주세요. (순서는 상관없어요.)

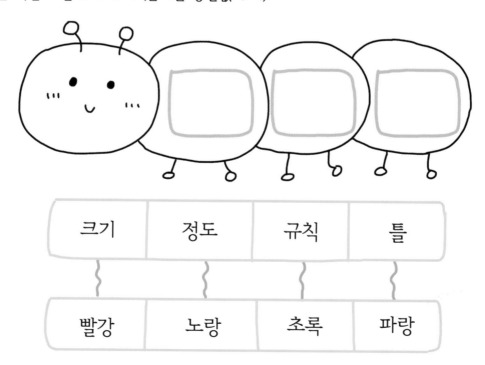

| 크기 | 정도 | 규칙 | 틀 |
|------|------|------|-----|
| 빨강 | 노랑 | 초록 | 파랑 |

### 열기구 색칠하기

😺 규모에 대한 바른 설명이 적힌 열기구를 찾아 색칠하세요. 그리고 바른 설명이 적힌 열기구에 있는 글자를 순서대로 모아서 어떤 어휘인지 적어 보세요.

- 지진의 세기를 나타낼 때도 규모라고 표현해. 규
- 학교 운동장과 내 방은 규모가 비슷해. 크
- 규모가 작은 행사를 대규모 행사라고 해. 칙
- 규모를 영어로는 스타일이라고도 하지. 기
- 사물이나 현상의 크기나 범위를 규모라고 해. 모

정답: ☐☐

### 호냥이와 문장대결

😺 '규모'라는 어휘를 넣어 모르냥과 문장 대결을 펼쳐 볼까요?

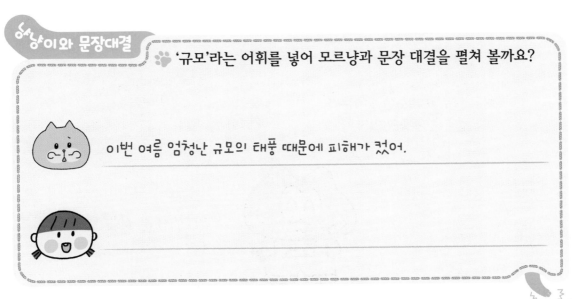

이번 여름 엄청난 규모의 태풍 때문에 피해가 컸어.

4. 화산과 지진

어휘랑 놀자 31

초성퀴즈

물건이나 공간의 안쪽 부분을 무엇이라고 할까요?

ㄴ ㅂ →

바른 설명 찾기

설명이 바른 도형의 글자를 모으면 어쩌냥이 깜빡한 어휘를 찾을 수 있어요. 어쩌냥이 깜빡한 어휘는 무엇일까요?

물건이나 공간의 안쪽 부분을 '내부' 라고 불러요.

내

학교 건물 안쪽을 '실외'라고도 해요.

축

'내부'와 비슷한 말에는 겉 또는 거죽이 있어요.

구

내부의 반대말은 '외부'예요.

부

아하! 내가 찾는 어휘는 (           )(이)야.

**괜찬냥의 일기**

🐾 괜찬냥의 일기를 읽고, '물건이나 공간의 안쪽 부분'을 뜻하는 단어에는 빨간색 ○표를, 반대의 뜻을 가진 단어에는 파란색 ○표를 하세요.

7월 27일 토요일    날씨: 맑음

친구들과 박물관에 견학을 다녀왔다.

건물 앞 잔디마당에 여러 동상이 세워져 있었고, 입구부터 사람들이 길게 줄을 서 있었다. 우리도 기대하는 마음으로 줄을 서서 기다렸다가 드디어 건물 내부로 들어갔다. 학교에서 배웠던 다양한 문화재가 전시되어 있었다. 안에서 하는 전시와 밖에서 하는 전시가 따로 있었다. 내부 구경을 다 하고 외부로 나와 특별 전시를 마저 구경했다. 책으로만 보던 문화재를 직접 보니 신기하고 재미있었다. 돌아오는 길에 친구들과 시원한 아이스크림을 사 먹었다. 재미있고 뿌듯한 시간이었다.

**냥이와 문장대결**

🐾 '내부'라는 어휘를 넣어 알갓냥과 문장 대결을 펼쳐 볼까요?

전시관 내부에는 여러 가지 공룡 모형들이 전시되어 있어.

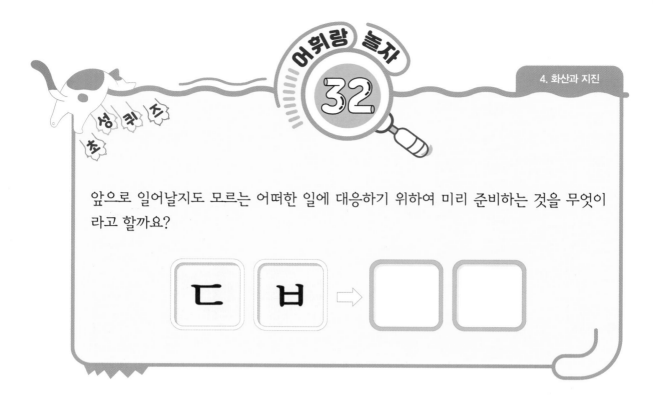

## 어휘랑 놀자 32

초성 퀴즈

앞으로 일어날지도 모르는 어떠한 일에 대응하기 위하여 미리 준비하는 것을 무엇이라고 할까요?

ㄷ ㅂ → ☐ ☐

### 나만의 재난 대비 가방

지진과 같은 재난 상황에 대비하여 여러분에게 꼭 필요한 가방을 직접 디자인해 보세요. 그리고 그 가방은 어떤 기능을 가지고 있는지 설명해 주세요.

| 예시 변신하는 지진 가방 | 나만의 재난 **대비** 가방 |
| --- | --- |
| 가방 덮개에 달린 2개의 줄에 공기를 불어 넣으면 가방 덮개를 머리를 보호하는 모자로 쓸 수 있어요. | |

 대화 완성하기

그림에 어울리는 말을 보기 에서 골라 (     ) 안에 기호를 쓰고 대화를 완성해 보세요.

보기

㉮ 대응     ㉯ 대비     ㉰ 예비

엄마가 (     )(으)로 챙겨 주신 소화제가 있어서 다행이야.

이제 좀 나아지는 것 같아. 어머니께 감사하다고 전해줘.

소방관 아저씨가 신속하게 (     )하지 않았으면 정말 큰불이 날 뻔했어.

난 수학이 제일 어려워. 이번 중간고사 (     )을/를 철저히 해야겠어.

그러게 말야. 정말 대단해!

야냥이와 문장대결

'대비'라는 어휘를 넣어 머라냥과 문장 대결을 펼쳐 볼까요?

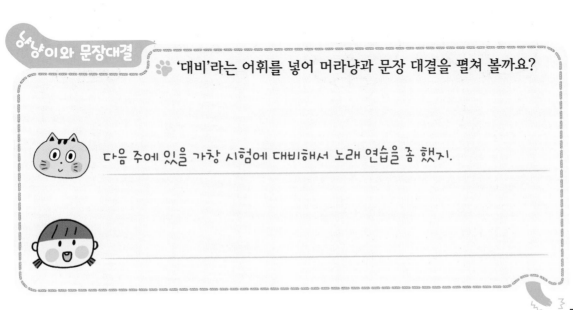

다음 주에 있을 가창 시험에 대비해서 노래 연습을 좀 했지.

어떤 정세나 사건에 대하여 알맞은 조치를 취하는 것을 무엇이라고 할까요?

ㄷ  ㅊ  ➡  ☐  ☐

 이럴 땐 어떻게?

🐾 냥냥이들이 다양한 상황에 알맞게 대처하는 방법을 발표하고 있어요. 냥냥이들의 대처 방법을 듣고 어쩌냥은 어떤 기발한 대처 방법을 말할지 써 보세요.

지진으로
흔들릴 때
난

책상 밑으로
들어가서
책상 다리를
꽉 잡아!

지진의
흔들림이
멈췄을때
난

계단으로
빠르게
대피하지!

모르는 사람이
함께 가자고 할때
난

"싫어요!"라고
큰 소리로
말하고
도망가지.

화장실에서
볼일 보고
휴지가 없을 때
난

_____
_____
_____

**해당 어휘를 찾아라!**

다음은 ○○초등학교 어린이 신문 기사의 일부예요. 내용 중에서 '어떤 정세나 사건에 대하여 알맞은 조치를 취하는 것'이라는 의미를 가진 어휘를 모두 찾아 ○표 하세요.

## 어린이 신문

202X. 0X. XX                    *NYANGNYANG NEWS*

### 지진이 발생했을 때 이렇게 대처해요!

○○초등학교에서는 지난 주 전교생을 대상으로 안전체험교육을 실시하였다.

먼저, 지진이 발생했을 때 어떻게 대처해야 하는지 학급별 토의를 진행했다. 친구들의 발표를 통해 지진이 발생했을 때 장소별 대처 방법을 알아 보았다.

다음으로, 학교에서 지진이 발생했을 때 대처 요령을 따라 모의 훈련을 진행하였다. 책상 아래로 들어가 몸을 보호한 후 선생님의 안내에 따라 운동장으로 대피하였다.

마지막으로, 교실로 돌아가 〈지진 발생 대처 요령〉 포스터를 만들어 학급 게시판에 붙였다.

지진이 발생했을 때 어떻게 대처해야 하는지 정확히 알고 있으면 피해를 줄일 수 있다. 이번 안전체험교육을 통해 지진이 발생했을 때 ○○초등학교 학생들이 당황하지 않고 침착하게 대처하기를 기대한다.

○○초등학교 △△△기자

**냥이와 문장대결**

'대처'라는 어휘를 넣어 예쁘냥과 문장 대결을 펼쳐 볼까요?

불이 났을 때는 침착하게 대처해야 해.

어떤 곳을 중심으로 하여 가까운 곳을 무엇이라고 할까요?

ㅂ　ㄱ　⇒　□　□

노래 가사 바꾸기

'부근'이라는 어휘를 넣어 노래 가사를 바꾸어 보세요.

| 우리 서로 | 학교길에 | 만나면 | 만나면 |
|---|---|---|---|

| 우리 학교 | 부근에는 | 무엇이 | 있을까 |
|---|---|---|---|
| | | | |

| 웃는 얼굴 하고 | 인사 나눕시다 | 얘들아 | 안-녕 |
|---|---|---|---|

| 문구점이 있고 | 마트도 있지 | 오늘도 | 들러야지 |
|---|---|---|---|
| | | | |

## 알맞은 어휘를 찾아라

냥냥이들이 사진에 설명을 적고 있어요. 그런데 설명에 들어가는 일부 어휘가 헷갈리나봐요. 냥냥이들을 도와서 적절한 어휘에 ○표 하세요.

공사장 ( 부근, 부엌 )을 지날 때는
위험한 물건이 있는지 잘 살피고
지나가야 한다.

관광지 ( 근처, 근래 )에는
맛집이나 숙박업소가 많이
분포되어 있다.

공원 ( 근방 , 금방 )을 지나가면
애완견과 산책을 즐기는 사람들을
많이 볼 수 있다.

### 냥냥이와 문장대결

'부근'이라는 어휘를 넣어 어쩌냥과 문장 대결을 펼쳐 볼까요?

우리 학원 부근에 맛있는 분식집이 새로 생겼어.

어휘랑 놀자
35

액체나 기체 상태의 물질이 솟구쳐서 뿜어져 나오는 것을 무엇이라고 할까요?

ㅂ  ㅊ  ⇒  ☐  ☐

더 많은 어휘 떠올리기

친구들과 오늘 배운 '분출' 어휘를 이용해서 새로운 어휘 만들기 놀이를 하기로 했어요. '분'과 '출'로 시작하는 어휘에 어떤 것들이 있는지 여러분도 함께 생각해 보세요. 그리고 아래 칸에 3개씩 적어 보세요.

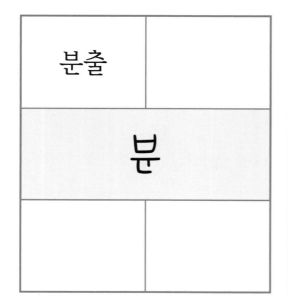

| 분출 | |
|---|---|
| 분 | |
| | |

| 출석 | |
|---|---|
| 출 | |
| | |

 숨은 장면 찾기

🐾 '액체나 기체 상태의 물질이 솟구쳐서 뿜어져 나오는 것'을 분출이라고 해요. 다음 그림에서 네 가지 분출 장면을 찾아 ○표 해 보세요.

❶ 맨홀에서 물이 솟구쳐 오르는 장면
❷ 분수대에서 물이 뿜어져 나오는 장면
❸ 음료수를 마시다가 뿜는 장면
❹ 공사장 주변에서 수증기가 뿜어져 나오는 장면

야냥이와 문장대결

🐾 '분출'이라는 어휘를 넣어 괜찮냥과 문장 대결을 펼쳐 볼까요?

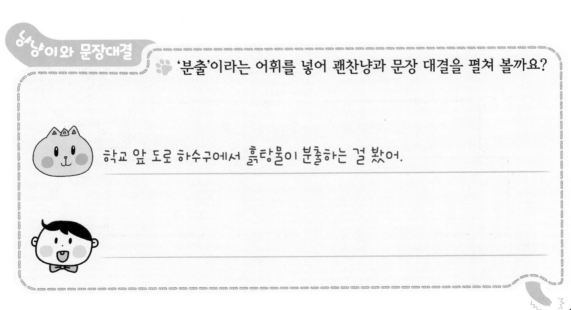

학교 앞 도로 하수구에서 흙탕물이 분출하는 걸 봤어.

어휘랑 놀자 36

화산이 터져 가스나 수증기, 불 따위의 분출물이 나오는 구멍을 무엇이라고 할까요?

| ㅂ | ㅎ | ㄱ | ⇒ | | | |

글자탑 완성하기

🐾 다음 글자탑에서 '화산이 터져 가스나 수증기, 불 따위의 분출물이 나오는 구멍'을 뜻하는 세 글자의 어휘를 찾아 탑 꼭대기에 쓰세요. (단, 한 층에 한 글자씩 아래에서부터 찾아 ○표 하세요.)

그 꽃을 친구에게 선물하면 어떨까요?

어느새 화사한 꽃이 피어 있을 거예요.

따뜻한 봄, 예쁜 화분을 사서 씨앗을 심고 물을 주다 보면

## 주스 가게에 갔어요!

🐾 냥냥이들이 주스 가게에 갔어요. 그런데 빈칸에 공통으로 들어갈 어휘를 말해야 주스를 마실 수 있대요. 공통으로 들어갈 어휘를 찾은 후, 모르냥이 마시게 될 주스 이름에 색칠하세요.

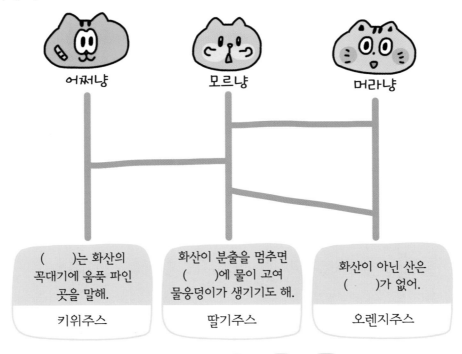

어쩌냥    모르냥    머라냥

| ( )는 화산의 꼭대기에 움푹 파인 곳을 말해. | 화산이 분출을 멈추면 ( )에 물이 고여 물웅덩이가 생기기도 해. | 화산이 아닌 산은 ( )가 없어. |
|---|---|---|
| 키위주스 | 딸기주스 | 오렌지주스 |

공통 어휘: ⬜⬜⬜

## 냥냥이와 문장대결

🐾 '분화구'라는 어휘를 넣어 모르냥과 문장 대결을 펼쳐 볼까요?

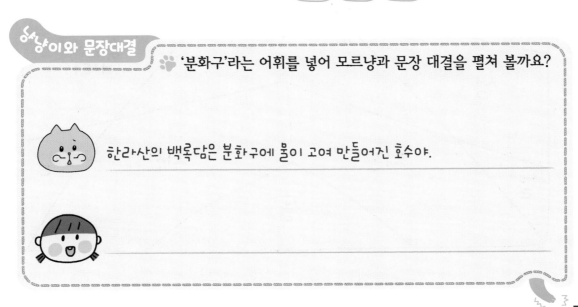

한라산의 백록담은 분화구에 물이 고여 만들어진 호수야.

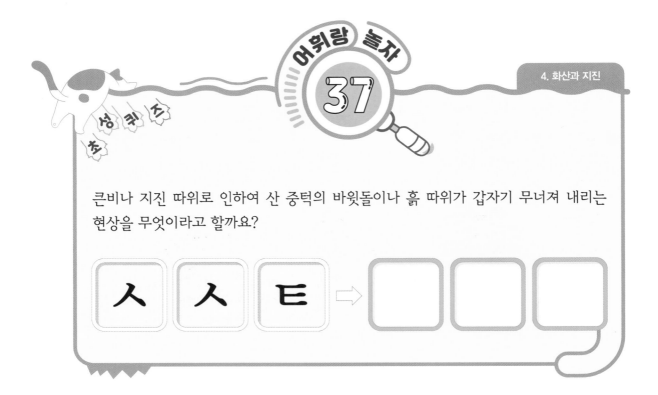

큰비나 지진 따위로 인하여 산 중턱의 바윗돌이나 흙 따위가 갑자기 무너져 내리는 현상을 무엇이라고 할까요?

ㅅ    ㅅ    ㅌ    →    ☐    ☐    ☐

### 관련 단어 찾기

🐾 다음 그림에서 '산사태'와 관련 있는 단어를 찾아 초록색으로 칠해 보세요. 색을 다 칠하면 어떤 모양이 되나요?

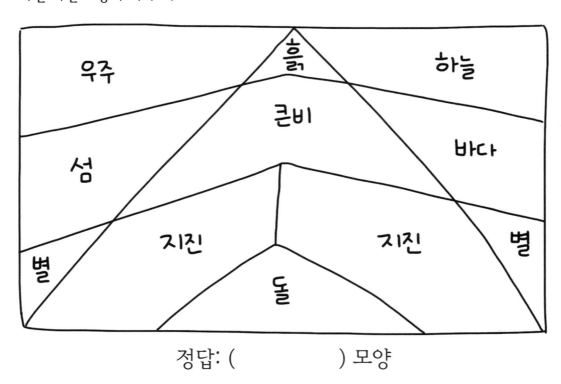

정답: (                    ) 모양

계단에서 어휘 찾기

🐾 모르냥이 오르려는 계단마다 속담이 써 있어요. 속담 중에서 '큰비나 지진 따위로 인해 산 중턱의 바윗돌이나 흙 따위가 갑자기 무너져 내리는 현상'을 뜻하는 어휘의 세 글자를 찾아 쓰세요. (단, 한 계단에 한 글자씩 아래쪽부터 골라 ○표 하고 찾은 글자를 차례대로 쓰세요.)

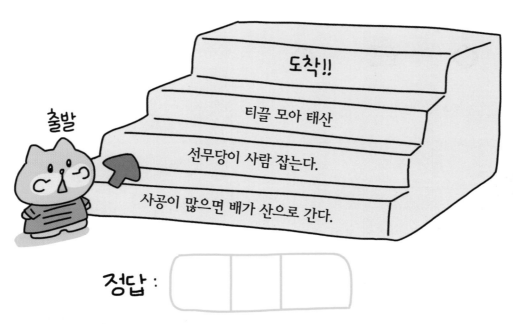

도착!!

티끌 모아 태산

선무당이 사람 잡는다.

사공이 많으면 배가 산으로 간다.

출발

정답 :

알갓냥이와 문장대결

🐾 '산사태'라는 어휘를 넣어 알갓냥과 문장 대결을 펼쳐 볼까요?

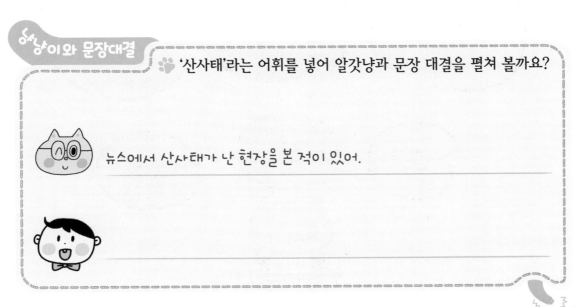

뉴스에서 산사태가 난 현장을 본 적이 있어.

# 어휘랑 놀자 38

초성 퀴즈

(일이나 사물이) 이익이 있다는 뜻의 '이롭다'의 활용을 무엇이라고 할까요?

| ㅇ | ㄹ | ㅇ | ⇒ | | | |

### 개구리의 어휘 놀이

'이로움' 글자를 가슴에 붙인 개구리가 선 따라 수련 잎을 옮겨 다니며 놀고 있어요. '이로움'과 관련된 어휘가 작은 수련잎에 적혀 있는데, 그것의 종류와 그렇게 생각하는 까닭을 큰 수련잎에 적어 주세요.

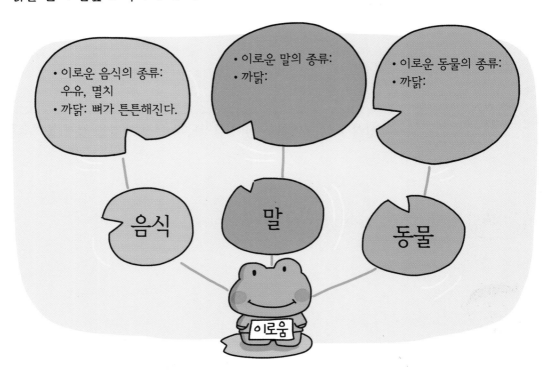

• 이로운 음식의 종류: 우유, 멸치
• 까닭: 뼈가 튼튼해진다.

• 이로운 말의 종류:
• 까닭:

• 이로운 동물의 종류:
• 까닭:

음식    말    동물

이로움

 어휘의 활용

🐾 어휘의 끝을 살짝 바꾸면 문장 속에서 다양하게 활용될 수 있어요. 자연스러운 문장이 되도록 어휘의 끝을 바꾸어 보세요.

| 해로움 | ▶ 지나친 흡연은 건강에 (해롭다). |
|---|---|
| *해롭다: 나쁜 영향을 미치는 점이 있다. | ▶ 어두운 곳에서 책을 읽는 것은 눈에 (해로운) 습관이다. <br> ▶ 밤에 먹는 야식은 우리 건강에 (해로움)을 줄 수 있다. |
| 이로움 | ▶ 마늘은 우리 몸에 100가지의 ( ❶ )을 주는 채소이다. <br> ▶ 우리 아빠는 몸에 ( ❷ ) 음식만 골라서 드신다. <br> ▶ 남을 이롭게 하는 것이 자기에게도 ( ❸ ). |

 야옹이와 문장대결

🐾 '이로움'이라는 어휘를 넣어 머라냥과 문장 대결을 펼쳐 볼까요?

 자기 전에 꼭 양치를 하는 것은 우리에게 이로움을 주는 습관이야.

# 어휘랑 놀자 39

지구 내부의 열을 이용하여 전기를 얻는 방법을 무엇이라고 할까요?

ㅈ ㅇ ㅂ ㅈ → ☐ ☐ ☐ ☐

## 바른 길 찾기

🐾 토끼가 친구 알갓냥의 집에 초대를 받았어요. 가는 길을 모르는데, '지열 발전'의 뜻을 알면 찾아갈 수 있다고 해요. 토끼가 길을 제대로 찾아갈 수 있도록 도와주세요. (오른쪽, 왼쪽, 위, 아래, 대각선으로 모두 갈 수 있어요. 이미 칠해져 있는 칸 다음부터 노란색으로 칠해 주세요.)

출발 →

| 지 | 두 | 떡 | 보 | 멀 | 리 | 장 |
|---|---|---|---|---|---|---|
| 을 | 구 | 내 | 인 | 더 | 여 | 초 |
| 대 | 잘 | 부 | 온 | 하 | 어 | 전 |
| 찾 | 의 | 에 | 도 | 용 | 아 | 기 |
| 장 | 열 | 계 | 이 | 지 | 를 | 사 |
| 일 | 없 | 을 | 집 | 언 | 너 | 방 |
| 정 | 한 | 온 | 도 | 나 | 는 | 법 |

→ 도착

**맞다, 틀리다 미션**

문제를 모두 풀면 맛있는 과일을 먹을 수 있어요. 다음의 설명이 맞으면 '맞다'의 미션을, 틀리면 '틀리다'의 미션을 따라 가 보세요. 어떤 과일이 나오나요?

| 설명 | 미션 | |
|---|---|---|
| | 맞다 | 틀리다 |
| 화산 주변의 열을 온천이나 지열 발전에 이용할 수 있어. | 오른쪽으로 6칸 이동 | 오른쪽으로 3칸 이동 |
| 지열 발전은 오염 물질이 거의 배출되지 않는다는 장점이 있지. | 아래로 3칸 이동 | 아래로 2칸 이동 |
| 지열 발전은 현재 어느 나라에서나 다 이용하고 있어. | ↗으로 1칸 이동 | ↘으로 1칸 이동 |

출발 ➡

| | | | | | | |
|---|---|---|---|---|---|---|
| | 포도 | | 굴 | 키위 | | 딸기 |
| | 사과 | | 자몽 | 망고 | | 앵두 |
| | | | | | | |

내가 먹을 수 있는 과일은? (          )

**냥이와 문장대결**

'지열 발전'이라는 어휘를 넣어 예쁘냥과 문장 대결을 펼쳐 볼까요?

우리나라에도 지열 발전을 하는 곳이 있었대.

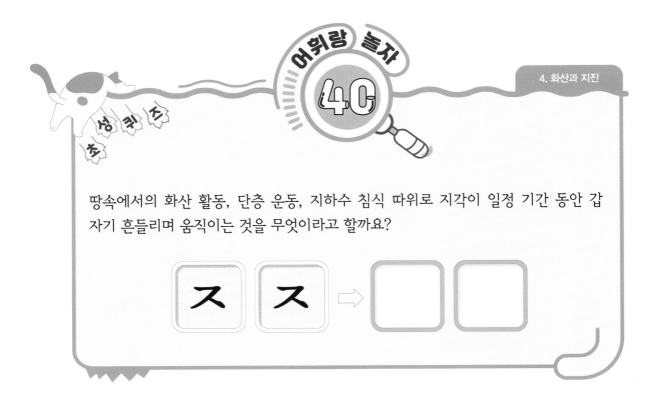

땅속에서의 화산 활동, 단층 운동, 지하수 침식 따위로 지각이 일정 기간 동안 갑자기 흔들리며 움직이는 것을 무엇이라고 할까요?

ㅈ ㅈ ⇨ ☐ ☐

깜빡한 글자를 찾아라

🐾 오늘 배운 '지진'의 뜻을 다시 적어 보고 있는데, 중간중간 글자가 생각이 나지 않네요.
☐에 들어갈 글자는 무엇인지 써 보세요.

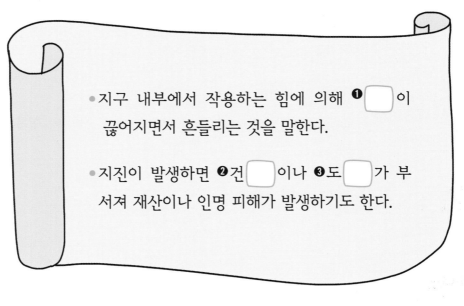

• 지구 내부에서 작용하는 힘에 의해 ❶☐이 끊어지면서 흔들리는 것을 말한다.

• 지진이 발생하면 ❷건☐이나 ❸도☐가 부서져 재산이나 인명 피해가 발생하기도 한다.

정답: ❶☐, ❷건☐, ❸도☐

86

비밀번호를 풀어라!

머라냥의 자전거 자물쇠는 지진에 대한 바른 설명이 적혀 있는 카드의 숫자 4개를 순서대로 입력하면 열린대요. 친구들이 머라냥 자전거 자물쇠의 비밀번호를 찾아주세요.

**1**
지진은 아직 우리나라에서는 발생한 적이 없다.

**3**
지진이 발생하면 땅과 건축물이 흔들리고 도로가 갈라진다.

**5**
규모는 지진의 세기를 나타내는 것으로, 숫자가 클수록 강한 지진이다.

**7**
지진이 발생하면 먼저 머리와 몸을 보호하고, 흔들림이 멈추면 이동한다.

**9**
지진이 발생했을 때 건물 안에 있다면 승강기를 타고 빠르게 이동한다.

**0**
지진에 대비해서 평소에 비상구의 위치를 알아둔다.

암호 : ☐ ☐ ☐ ☐

냥이와 문장대결

'지진'이라는 어휘를 넣어 어쩌냥과 문장 대결을 펼쳐 볼까요?

갑자기 지진이 일어나면 너무 무서울 것 같아.

87

땅속에 있는 가스, 마그마 따위가 지각의 터진 틈을 통하여 지표로 분출하는 지점, 또는 그 결과로 생기는 구조를 무엇이라고 할까요?

| ㅎ | ㅅ | → | | |

냥냥이와 가위바위보

 예쁘냥과 머라냥이 가위바위보를 하려고 해요. 두 냥냥이는 다음의 설명 중 맞는 것을 가위바위보에서 낼 수 있어요. 가위바위보에서 이긴 냥냥이에 ○표 하세요.

| | | |
|---|---|---|
| 예쁘냥 | (주먹) | 화산은 마그마가 분출한 후 생긴 지형을 말한다. (O, X) |
| | (가위) | 화산 활동은 우리 생활에 피해만 준다. (O, X) |
| 머라냥 | (보) | 한라산은 우리나라의 대표적인 화산이다. (O, X) |
| | (주먹) | 화산이 분출할 때 석탄, 석유 등이 나온다. (O, X) |

## 마인드맵 그리기

🐾 오늘 배운 '화산'이라는 어휘를 가지고 마인드맵을 그리려고 해요. 화산과 관련있는 어휘를 떠올리며 마인드맵을 완성해 보세요.

온천

화산가스

화산 분출물

화산의 이로움

화산

'화'로 시작되는 낱말

'산'으로 끝나는 낱말

## 야냥이와 문장대결

🐾 '화산'이라는 어휘를 넣어 괜찬냥과 문장 대결을 펼쳐 볼까요?

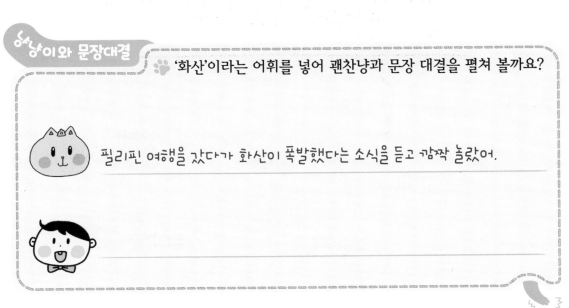

필리핀 여행을 갔다가 화산이 폭발했다는 소식을 듣고 깜짝 놀랐어.

# 어휘랑 놀자 42

초성퀴즈

화산에서 분출된 용암의 부스러기 가운데 크기가 4mm보다 작은 알갱이를 무엇이라고 할까요?

ㅎ ㅅ ㅈ ➡ ☐ ☐ ☐

**물고기를 낚아라**

🐾 모르냥이 낚시를 하고 있어요. 다음 중 '화산재'와 관련 있는 어휘가 써 있는 물고기에 색칠하세요.

액체

용암

고체

화산분출물

농작물

### 열기구 색칠하기

다음 열기구 중에서 바른 내용이 적혀 있는 열기구의 번호를 찾으면 열기구를 탈 수 있대요. 바른 내용의 열기구에 색칠하고 아래에 번호를 쓰세요.

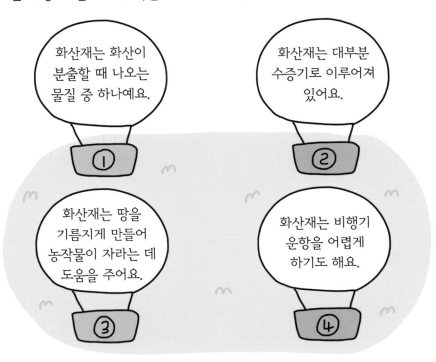

① 화산재는 화산이 분출할 때 나오는 물질 중 하나예요.

② 화산재는 대부분 수증기로 이루어져 있어요.

③ 화산재는 땅을 기름지게 만들어 농작물이 자라는 데 도움을 주어요.

④ 화산재는 비행기 운항을 어렵게 하기도 해요.

번호: (                    )

### 모르냥이와 문장대결

'화산재'라는 어휘를 넣어 모르냥과 문장 대결을 펼쳐 볼까요?

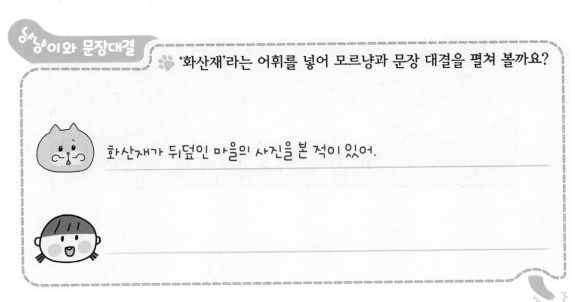

화산재가 뒤덮인 마을의 사진을 본 적이 있어.

5. 물의 여행

논밭에 심어 가꾸는 곡식이나 채소를 무엇이라고 할까요?

ㄴ  ㅈ  ㅁ  ⇒  ☐ ☐ ☐

숨은그림찾기

다음 그림 속에 숨어 있는 농작물과 냥냥이를 쏙쏙쏙 찾아내 볼까요? 내가 찾은 농작물을 쓰고 어떤 냥냥이를 찾았는지 ○표 하세요

(1) 내가 찾은 농작물: ＿＿＿＿＿ , ＿＿＿＿＿ , ＿＿＿＿＿

(2) 내가 찾은 냥냥이:

92

정답 118쪽

🐾 내가 알고 있는 농작물로 빙고판을 가득 채워 보세요.

예 호박, 오이, 당근

## 빙고판

| | | |
|---|---|---|
| | | |
| | | |
| | | |

알갓냥이와 문장대결

🐾 '농작물'이라는 어휘를 넣어 알갓냥과 문장 대결을 펼쳐 볼까요?

농작물을 키우기 위해서는 물이 꼭 필요해.

_____

_____

강이나 호수 따위와 같이 염분이 없는 물을 무엇이라고 할까요?

## '수'자로 끝나는 말은?

"수수수 자로 끝나는 말은, 담수 가수 국수 세수 실수 ○○수~" 이렇게 노래 부르면서 '수' 자로 끝나는 말을 찾아 적어 보세요.

 **전화번호 알아맞히기**

🐾 괜찬냥이 휴대 전화번호를 알려주면서 뒷자리 3자리를 알아맞혀 보래요. 괜찬냥의 전화번호 뒷자리 3개는 아래 내용 중 옳은 설명의 숫자를 차례로 적은 것이라고 해요. 괜찬냥의 전화번호 뒷자리를 알아맞혀 보세요.

**괜찬냥**
010 -9876-5 ☐☐☐

1 강이나 호수처럼 염분이 없는 물을 담수라고 해요.

2 담수에는 물고기가 살지 않아요.

3 담수는 비슷한 말로 민물이라고 해요.

4 담수의 반대말은 소금물이에요.

뒷자리 번호: 5 ☐☐☐

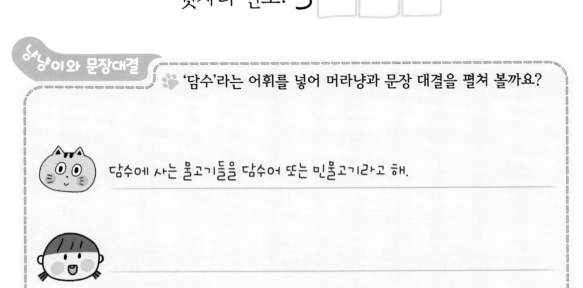

**냥이와 문장대결**

🐾 '담수'라는 어휘를 넣어 머라냥과 문장 대결을 펼쳐 볼까요?

담수에 사는 물고기들을 담수어 또는 민물고기라고 해.

95

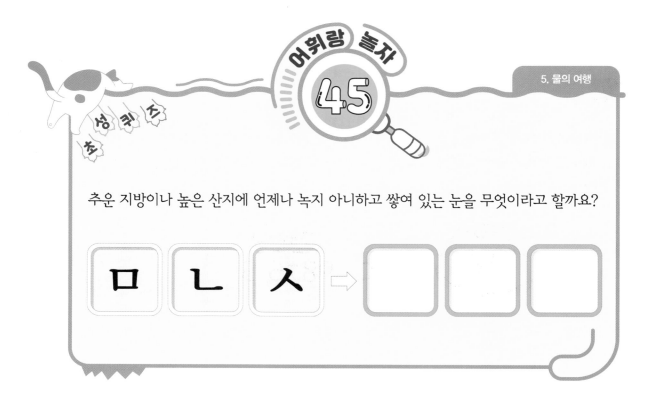

초성퀴즈

어휘랑 놀자 45

추운 지방이나 높은 산지에 언제나 녹지 아니하고 쌓여 있는 눈을 무엇이라고 할까요?

ㅁ ㄴ ㅅ ⇒ □ □ □

사다리 완성하기

🐾 물은 고체, 액체, 기체 상태로 지구의 다양한 곳에 존재해요. 각각의 설명에 알맞게 연결하기 위해 가로줄을 추가로 넣어 사다리를 완성해 보세요.

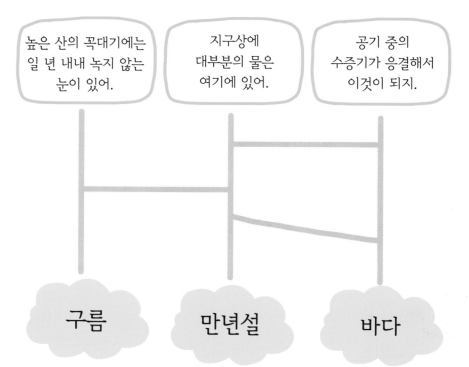

높은 산의 꼭대기에는 일 년 내내 녹지 않는 눈이 있어.

지구상에 대부분의 물은 여기에 있어.

공기 중의 수증기가 응결해서 이것이 되지.

구름

만년설

바다

 **누리 소통망 서비스(SNS) 어휘 찾기**

🐾 다음 누리 소통망 서비스(SNS)에 올린 사진과 해시태그를 보고 어떤 내용을 나타낸 것인지 적어 보세요.

정답:

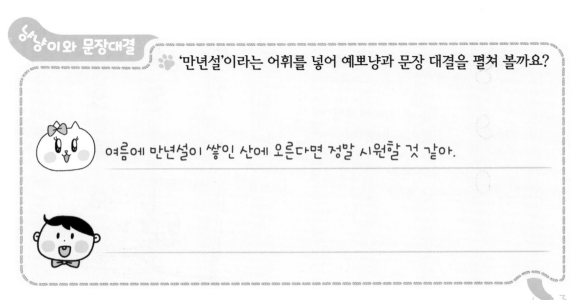

**냥이와 문장대결** 🐾 '만년설'이라는 어휘를 넣어 예쁘냥과 문장 대결을 펼쳐 볼까요?

여름에 만년설이 쌓인 산에 오른다면 정말 시원할 것 같아.

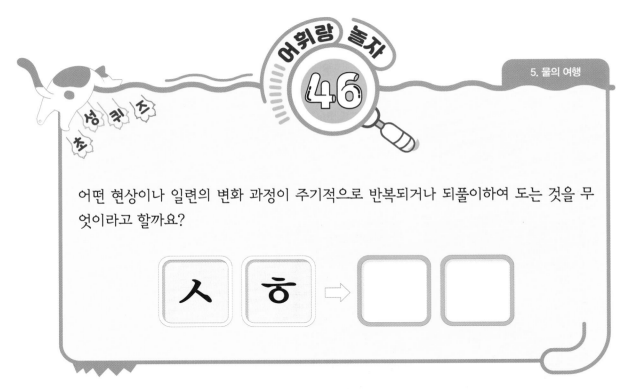

어떤 현상이나 일련의 변화 과정이 주기적으로 반복되거나 되풀이하여 도는 것을 무엇이라고 할까요?

ㅅ ㅎ ⇒ ☐ ☐

현관문을 열어라

예쁘냥이 집 현관 비밀번호를 잊어버렸대요. 친구들이 '순환'에 대한 바른 설명을 찾아 예쁘냥 집의 비밀번호 나머지 두 숫자에 순서대로 색칠해 주세요.

| | |
|---|---|
| 1 | 순환과 비슷한 말에는 '순화'가 있다. |
| 8 | 주기적으로 되풀이하여 도는 과정을 '순환'이라고 한다. |
| 9 | 나쁜 현상이 반복될 때 '선순환'이라고 한다. |
| 0 | '물의 순환, 혈액의 순환'이라는 표현이 있다. |

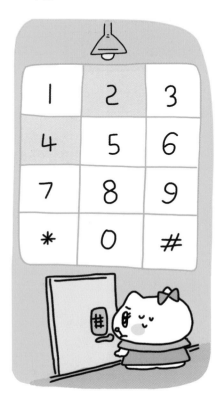

다음은 어쩌냥이 괜찬냥과 함께 놀이공원에 다녀와서 쓴 일기예요. (    ) 안에 공통으로 들어갈 어휘를 쓰세요.

○월 ○일 ○요일    날씨: 맑음

오늘 괜찬냥과 놀이공원에 놀러 갔다. 어찌나 넓은지, 입구에서 매표소까지 반복해서 운행하는 코끼리 (    ) 열차를 타고 갔다.

매년 한 번씩 오는 놀이공원인데 계절의 (    )에 따라 저마다 다른 색으로 물드는 주변 풍경은 항상 아름답고 예쁘다. 예쁜 풍경을 배경으로 사진을 찍고 내가 좋아하는 놀이기구를 탔다. 레일을 따라 물이 (    )하면서 배가 움직이는데, 위에서 떨어질 때의 스릴은 정말 짜릿하고 시원했다. 괜찬냥은 무섭다며 눈을 꼭 감고 있었다.

다리에 힘이 풀린 괜찬냥이 도저히 걸어갈 수 없다고 해서 다시 코끼리 (    ) 열차를 타고 내려왔다. 오랜만에 신나고 즐거운 시간이었다.

정답: ☐☐

'순환'이라는 어휘를 넣어 어쩌냥과 문장 대결을 펼쳐 볼까요?

물은 끊임없이 순환하면서 다양한 형태로 존재해.

어휘랑 놀자
47

초성퀴즈

지표면 가까이에 아주 작은 물방울이 부옇게 떠 있는 현상을 무엇이라고 할까요?

ㅇ ㄱ →

이미지로 유추하기

제시된 사진을 보고 공통으로 떠오르는 어휘를 써 보세요.

| 힌트 | | 어휘 |
|---|---|---|
| | | 가을 |
| | | |

풍선을 연결해 주세요

🐾 다음 중 '안개'에 대해 바르게 설명한 풍선만 골라서 아래 예뽀냥이 잡고 있는 풍선 줄과 이어 주세요.

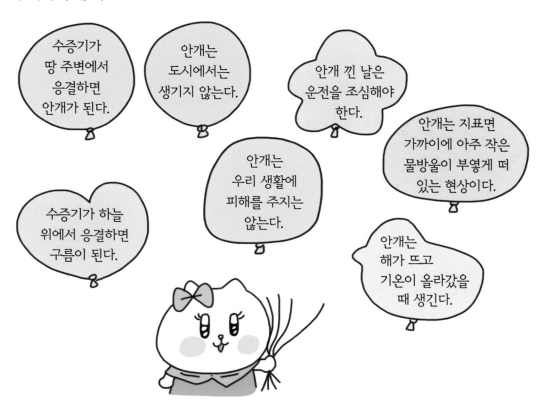

냥이와 문장대결

🐾 '안개'라는 어휘를 넣어 괜찮냥과 문장 대결을 펼쳐 볼까요?

아침에 등교하는데 안개가 너무 심하게 끼어서 바로 앞에서 걸어가는 친구도 보이지 않았어.

어떤 목적에 따라 기능하도록 기계, 도구 따위를 그 장소에 장착하는 것을 무엇이라고 할까요?

ㅈ  ㅊ  →  ☐ ☐

**사용 설명서 만들기**

🐾 우리 주변에는 생활을 편리하게 해 주는 다양한 장치들이 있어요. 나에게 필요한 장치를 구상해서 간단히 그려보고, 사용 설명서를 작성해 보세요.

| 장치 디자인 | 사용 설명서 |
|---|---|
| | **옷 골라주는 장치**<br>❶ 거울 앞에 서서 내 모습을 비추며 내가 원하는 스타일, 날씨, 기분 등을 말한다.<br>❷ 인공지능 기능이 나에게 어울리는 스타일을 화면에 비춰 준다.<br>❸ 그 스타일대로 옷을 꺼내 입는다. |
| | |

 **십자말풀이**

🐾 냥냥이들이 낸 문제를 풀어 십자말풀이의 빈칸을 채워 보세요.

| 가로 열쇠 |
|---|
| ❶ 여름철 여러 날 계속해서 비가 내리는 날씨 |
| ❷ 다른 사람의 대화나 전화 내용을 몰래 엿들음. |
| ❸ 문 따위를 잠그는 장치 |
| ❹ 잘못된 것을 바로잡음.<br> 예 발음 ○○, 치아 ○○기 |

| 세로 열쇠 |
|---|
| ❶ 어떤 목적에 따라 기능하도록 기계, 도구 따위를 그 장소에 장착하는 것 |
| ❷ 담배 피우는 것을 금함. |
| ❸ 더럽거나 어지러운 것을 쓸고 닦아서 깨끗 하게 함. |

|  |  |  | ❶장 |  |  |
|---|---|---|---|---|---|
| ❸잠 | ❷ |  |  |  |  |
|  |  |  |  | ❷도 | ❸ |
|  |  | ❹교 |  |  |  |

 **냥냥이와 문장대결**

🐾 '장치'라는 어휘를 넣어 모르냥과 문장 대결을 펼쳐 볼까요?

마술을 볼 때마다 숨겨진 장치를 찾아보려고 두리번거리게 돼.

103

어휘랑 놀자 49

사람이나 사물이 실제로 현실에 있는 것을 무엇이라고 할까요?

ㅈ  ㅈ  →  ☐ ☐

**생각그물 완성하기**

🐾 나에게 가장 소중한 존재는 누구인가요? 소중하게 생각하는 인물을 정하여 생각그물을 완성해 보세요.

이유 1:

인물:

이유 3:

이유 2:

나에게 가장 소중한 존재는 부모님이야. 부모님은 나를 이 세상에 태어나게 해 주셨고 언제나 사랑해 주시니까. 너희들에게 가장 소중한 존재는 누구니?

🐾 '존재'와 같이 'ㅈㅈ', 'ㄱㄱ', 'ㄷㄷ' 등 초성 자음이 반복되는 두 글자 혹은 세 글자 어휘를 머릿속에 채워 주세요.

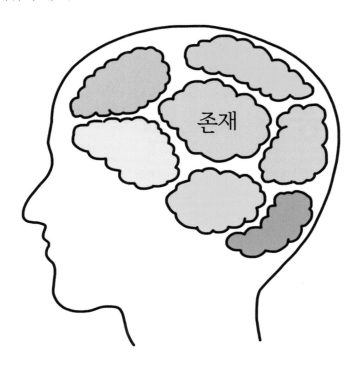

 알냥이와 문장대결

🐾 '존재'라는 어휘를 넣어 알갓냥과 문장 대결을 펼쳐 볼까요?

 이 세상에 존재하는 아이스크림을 다 먹어보고 싶어.

5. 물의 여행

비나 눈 따위가 스며들어 생긴 것으로, 땅속의 토사, 암석 따위의 빈틈을 채우고 있는 물을 무엇이라고 할까요?

ㅈ ㅎ ㅅ ⇒ ☐ ☐ ☐

### 삼행시 짓기

🐾 오늘 배운 '지하수'로 삼행시를 지어보면 어떨까요? 알갓냥이 운을 띄워 주면 재미있는 삼행시를 지어 보세요.

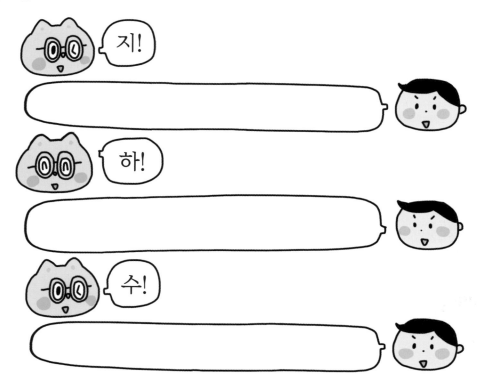

## 사다리 타기

🐾 냥냥이들이 가지고 있는 네 글자 중 원하는 글자부터 사다리를 타고 내려가서 도착한 곳의 문제를 풀어보고 맞으면 냥냥이의 카드에 색칠하세요.

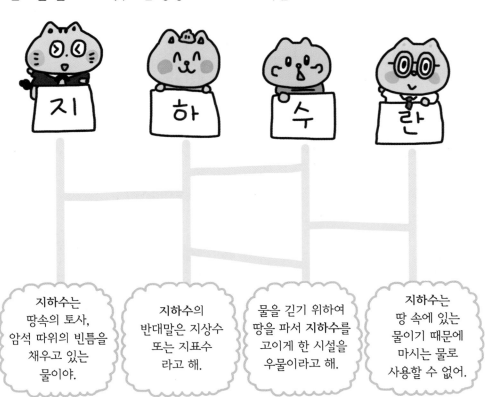

지하수는 땅속의 토사, 암석 따위의 빈틈을 채우고 있는 물이야.

지하수의 반대말은 지상수 또는 지표수 라고 해.

물을 긷기 위하여 땅을 파서 지하수를 고이게 한 시설을 우물이라고 해.

지하수는 땅 속에 있는 물이기 때문에 마시는 물로 사용할 수 없어.

## 냥냥이와 문장대결

🐾 '지하수'라는 어휘를 넣어 어쩌냥과 문장 대결을 펼쳐 볼까요?

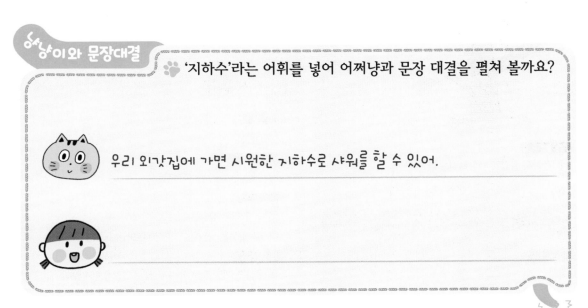

우리 외갓집에 가면 시원한 지하수로 샤워를 할 수 있어.

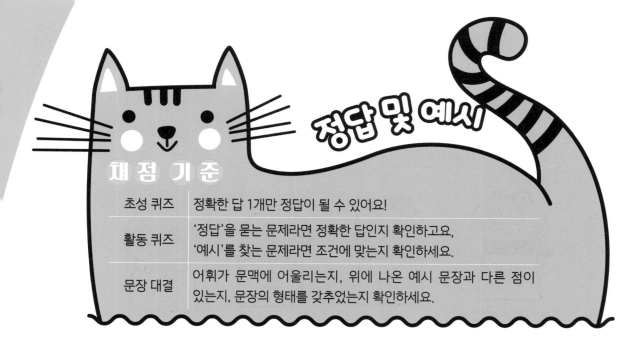

## 채점 기준

| | |
|---|---|
| 초성 퀴즈 | 정확한 답 1개만 정답이 될 수 있어요! |
| 활동 퀴즈 | '정답'을 묻는 문제라면 정확한 답인지 확인하고요, '예시'를 찾는 문제라면 조건에 맞는지 확인하세요. |
| 문장 대결 | 어휘가 문맥에 어울리는지, 위에 나온 예시 문장과 다른 점이 있는지, 문장의 형태를 갖추었는지 확인하세요. |

### 01 가장자리　　　　　8쪽

**초성 퀴즈**

가장자리

**사행시 완성하기**

㉠ 가: 가장자리에 앉으면

장: 장난을 쳐도 잘 안 보일 것 같은데

자: 자리랑 상관없이 다 보인대.

리: 리본이 너무 커서 그런가?

**나무 완성하기**

**문장 대결**

㉠ 강아지 풀잎의 가장자리는 매끈해.

### 02 사례　　　　　10쪽

**초성 퀴즈**

사례

**글자 다리 건너기**

**○ × 퀴즈**

(1) ○ (2) ○ (3) ○

**문장 대결**

㉠ 나는 구체적인 사례를 들어 설명하는 것을 좋아해.

### 03 생활용품　　　　　12쪽

**초성 퀴즈**

생활용품

**개념 이해하기**

비누, 냄비, 칫솔, 컵, 주전자

**어휘 찾기**

(1) 내가 찾은 생활용품: 빗자루, 쓰레기통, 마스크

(2) 내가 찾은 냥냥이: 어쩌냥, 예쁘냥, 모르냥

**문장 대결**

㉠ 우리 집에는 잘 사용하지 않는 생활용품이 많아.

## 04 여러해살이 14쪽

### 초성 퀴즈
여러해살이

### 길 찾기

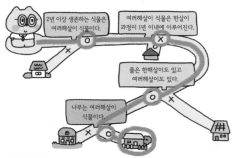

### 글자 조합
여러해살이

### 문장 대결
㉎ 나무는 여러해살이 식물이라 겨울에도 죽지 않는구나.

## 05 잎맥 16쪽

### 초성 퀴즈
잎맥

### 냥냥이는 누구일까요?
알갓냥, 괜찮냥

### 첫말 거꾸로 잇기, 끝말잇기
㉎ 바나나 → 나팔꽃 → 꽃잎 → 잎맥

잎맥 → 맥박 → 박사 → 사파리

### 문장 대결
㉎ 깻잎은 잎맥이 그물처럼 얽혀 있어.

## 06 잎몸 18쪽

### 초성 퀴즈
잎몸

### 빠뜨린 어휘를 찾아라

### 끝말잇기 퍼즐
❶ 꽃잎 ❷ 살구 ❸ 지우개 ❹ 미술

### 문장 대결
㉎ 연잎은 잎몸이 크고 넓어서 우산처럼 쓸 수 있을 것 같아.

## 07 잎자루 20쪽

### 초성 퀴즈
잎자루

### 다섯 고개의 정답은?
잎자루

### 어휘 쪽지 찾기

### 문장 대결
㉎ 잎자루가 없는 잎도 있다는 걸 새롭게 알았어.

## 08 적응 22쪽

### 초성 퀴즈
적응

### 초성 보고 어휘 만들기
㉎ 자음, 직위, 자연, 적용, 주유, 직업 등

### 어휘 바르게 사용하기
예쁘냥

### 문장 대결
㉎ 동물들은 생존을 위해 환경에 적응하며 살아가.

## 09 한해살이 24쪽

### 초성 퀴즈
한해살이

## 숨은 어휘 찾기

| 말 | 장 | 집 | 해 | 일 | 생 | 활 | 이 |
|---|---|---|---|---|---|---|---|
| 디 | 리 | 털 | 연 | 인 | 성 | 위 | 광 |
| 인 | 한 | 냥 | 성 | 안 | 내 | 도 | 자 |
| 공 | 자 | 누 | 낱 | 상 | 살 | 제 | 율 |
| 위 | 금 | 리 | 신 | 명 | 지 | 요 | 주 |

한해살이

## 섬에서 탈출하기

출발

풀은 대부분 한해살이 식물이야.

한해살이는 봄에 싹 터서 그해 가을에 열매를 맺고 죽어.

한해살이의 반대 개념은 여러해살이야.

소나무, 은행나무, 밤나무 등은 한해살이 식물이야.

도착

### 문장 대결

㉠ 토마토, 옥수수는 한해살이 식물이야.

## ⑩ 가습기  26쪽

### 초성 퀴즈
가습기

### 가장 필요한 물건은?
가습기

### 주소를 찾아라
1246

### 문장 대결
㉠ 가습기를 틀었더니 방의 습도가 올라갔어.

## ⑪ 계량기  28쪽

### 초성 퀴즈
계량기

## 원반 끝말잇기

㉠ 계량기 → 기차 → 차도 → 도시 → 시금치 → 치과 → 과일 → 일기

## 길 찾기

출발!

계량기는 수량을 헤아리는 데 쓰는 기구를 말해요.

추운 겨울철 수도관의 물이 얼면 늘어난 부피 때문에 수도관에 연결된 계량기가 터지기도 해요.

계량기는 가정에서는 사용하지 않아요.

수도 계량기, 가스계량기 등이 있어요.

### 문장 대결

㉠ 추운 겨울엔 수도 계량기를 수건이나 헌 옷 등으로 감싸 주면 터지는 걸 방지할 수 있어.

## ⑫ 기포  30쪽

### 초성 퀴즈
기포

### 문장 완성하기

기포란 액체나 고체 속에 ___가 들어가 ___처럼 둥그렇게 ___ 있는 것이다.

| 구름 | 기체 | 풍선 | 원래대로 |
|---|---|---|---|
| 물 | 갈라져 | 거품 | 부풀어 |

기포란 액체나 고체 속에 기체가 들어가 거품처럼 둥그렇게 부풀어 있는 것이다.

### 숨어 있는 글자를 찾아라

| 4 | 4 | 4 | 4 | 4 |   | 4 | 4 | 4 | 4 | 4 | 4 | 4 |
|---|---|---|---|---|---|---|---|---|---|---|---|---|
| 2 | 2 | 2 | 2 | 1 |   | 1 | 3 | 3 | 3 | 3 | 3 | 3 |
| 1 | 1 | 1 | 2 | 1 |   | 1 | 1 | 1 | 3 | 1 | 1 | 1 |
| 1 | 1 | 1 | 2 | 1 |   | 1 | 1 | 1 | 3 | 1 | 1 | 1 |
| 1 | 1 | 1 | 2 | 1 |   | 1 | 3 | 3 | 3 | 3 | 3 | 3 |
| 1 | 1 | 1 | 2 | 1 |   | 1 | 1 | 1 | 3 | 1 | 1 | 1 |
| 1 | 1 | 1 | 1 | 1 |   | 1 | 1 | 1 | 3 | 1 | 1 | 1 |
| 1 | 1 | 1 | 1 | 2 |   | 1 | 3 | 3 | 3 | 3 | 3 | 3 |
| 4 | 4 | 4 | 4 | 2 |   | 2 | 4 | 4 | 4 | 4 | 4 | 4 |

기포

### 문장 대결

㉠ 우리 집 어항에서 기포가 올라오는 걸 봤어.

## 13 무게  32쪽

### 초성 퀴즈
무게

### 캐치마인드 퀴즈
📍 게가 무를 들고 이동하는 그림 등

### 문장 만들기
❶ 📍 고구마가 예뻐서 자루에 가득 담았는데, 무게를 재어 보니 너무 무거워서 들고 올 수가 없었다.
❷ 📍 동생이 업어달라고 떼를 써서 업어 주었는데 무게가 너무 가벼워 동생을 업고 집까지 뛰어갔다.

### 문장 대결
📍 언니의 가방 무게가 내 것보다 훨씬 무거웠어.


## 14 수증기  34쪽

### 초성 퀴즈
수증기

### 시작 단어로 돌아오기

### 좌표를 읽어라
① 수증기 ② 증기 기관차

### 문장 대결
📍 대중목욕탕에 들어가니 수증기가 가득 차 있어서 앞이 잘 안 보였어.


## 15 응결  36쪽

### 초성 퀴즈
응결

### 냥냥이가 타야 할 버스는?
112

### 퀴즈의 정답은?
퀴즈: 기체인 수증기가 액체인 물로 상태가 변하는 현상을 무엇이라고 할까요?
정답: 응결

### 문장 대결
📍 응결이 잘 일어나기 위해서는 공기 중에 수증기가 많아야 해.


## 16 이슬  38쪽

### 초성 퀴즈
이슬

### 새로운 쓰임새를 찾아라
(1) 지우개: 📍 땅따먹기할 때 망으로 사용해요
(2) 이슬: 📍 물이 부족한 곳에서 이슬을 모아 마셔요.

### 사다리 타기

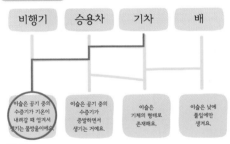

기차

### 문장 대결
📍 이른 아침에 산책하다가 이슬을 보니 기분이 상쾌했어.


## 17 제습기  40쪽

### 초성 퀴즈
제습기

### 뒤죽박죽 초성 퀴즈

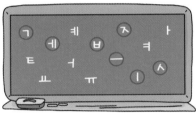

제습기

제습기

**문장 대결**

예 제습기를 정리하려고 보니 통 안에 물이 가득 들어 있었어.

## 18 현상 42쪽

**초성 퀴즈**

현상

**자신만만 어휘 대결**

예 노화 현상, 빈익빈 부익부 현상, 열대야 현상, 지구 온난화 현상 등

**옳은 팻말 어휘 찾기**

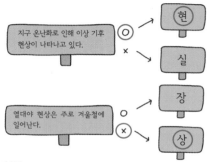

현상

**문장 대결**

예 할머니 얼굴에 주름이 생겼는데 노화 현상이라고 하셨어.

## 19 그림자 44쪽

**초성 퀴즈**

그림자

**난 누구일까요?**

그림자

**그림자 놀이**

예

그림 제목: 나뭇잎 모자를 쓴 양

**문장 대결**

예 오늘 체육 시간에 학교 운동장에서 그림자 밟기 놀이를 했어.

## 20 도달 46쪽

**초성 퀴즈**

도달

**공통 글자를 찾아라!**

도달

**어울리지 않는 단어 고쳐 쓰기**

도착 → 도달

**문장 대결**

예 생활의 달인에 나오는 달인들은 각자의 분야에서 최고의 경지에 도달한 것 같아.

## 21 불투명 48쪽

**초성 퀴즈**

불투명

**글자 조합하기**

□□ → 흐릿 , △△ → 투명

**스도쿠 완성하기**

| | | | |
|---|---|---|---|
| 자전거 | 도자기 컵 | 주전자 | 인형 |
| 인형 | 주전자 | 도자기 컵 | 자전거 |
| 주전자 | 인형 | 자전거 | 도자기 컵 |
| 도자기 컵 | 자전거 | 인형 | 주전자 |

**문장 대결**

예 내 방 창문으로 햇빛이 너무 세게 들어와서 창문을 불투명하게 바꿨으면 좋겠어.

## 22 사방 50쪽

**초성 퀴즈**

사방

## 숨은 글자 찾기

(예) 사: 사과, 사실, 회사, 장사 등

방: 방석, 방주, 금방, 방식 등

## 노트북 비밀번호 찾기

124

## 문장 대결

(예) 꽃박람회에 갔더니 사방에 꽃들이 피어 있어서 너무 아름다웠어.

## 23 스크린     52쪽

### 초성 퀴즈

스크린

### 우리말을 찾아줘

(예) 영상 비춤 막

### 설명에 알맞은 낱말 찾기

❶ 스크린 ❷ 프로젝터 ❸ 은막 ❹ 도어

### 문장 대결

(예) 아빠랑 스크린 야구를 하러 간 적이 있어.

## 24 정도     54쪽

### 초성 퀴즈

정도

### 벌집 모양 끝말잇기

(예)

## 바른 내용 고르기

### 문장 대결

(예) 나는 주말에 게임을 2시간 정도 했어.

## 25 조명     56쪽

### 초성 퀴즈

조명

### 동생에게 설명해 주기

(예) 지난 주말 밤에 한강에 갔을 때 한강 다리에 예쁜 색의 빛이 비추는 걸 봤지? 그렇게 빛으로 밝게 비추어 주는 것을 조명이라고 해. 다양한 색의 조명을 비추면 다리의 색이 알록달록 변하면서 아름답게 보이고, 도로가 더욱 잘 보이게 돼.

### 조명이 필요한 장소는?

### 문장 대결

(예) 조명 가게에 간 적이 있는데 정말 다양한 모양의 조명 기구가 많이 있었어.

## 26 직진     58쪽

### 초성 퀴즈

직진

**보물이 숨겨진 자리를 찾아라!**

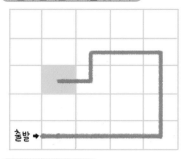

**○× 퀴즈의 끝은?**

 사자

**문장 대결**

㉝ 50m쯤 직진하다가 오른쪽 골목으로 들어가면 서점이 있어.

# 27 채광 60쪽

**초성 퀴즈**

채광

**이어질 내용 상상하기**

㉝ 머라냥과 나는 어떻게 하면 이 마을을 환하게 비추어 줄 수 있을지 고민했어요. 그러다 과학 시간에 배운 자연 채광 장치를 떠올렸지요. 산 위로 올라가 큰 거울을 세워 태양빛이 마을을 향하게 도와주었어요. 햇빛이 비추니 마을이 너무나 환하고 따뜻하게 변했어요. 머라냥과 나는 너무 기뻤어요.

**개념 이해하기**

**문장 대결**

㉝ 우리집 베란다는 채광이 잘 되어서 식물이 잘 자라.

# 28 통과 62쪽

**초성 퀴즈**

통과

**사다리 타기**

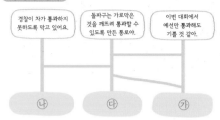

경찰이 차가 통과하지 못하도록 막고 있어요.

돌파구는 가로막은 것을 깨뜨려 통과할 수 있도록 만든 통로야.

이번 대회에서 예선만 통과해도 기쁠 것 같아.

**풍선 색칠하기**

통과와 비슷한 말로는 돌파, 관통, 합격 등이 있어.

어떤 곳이나 때를 거쳐서 지나가는 것을 '통과'라고 하지.

빛은 모든 물체를 다 통과할 수 있어.

**문장 대결**

㉝ 기차가 어두운 터널을 통과할 때 조금 무서웠어.

# 29 관측 64쪽

**초성 퀴즈**

관측

**암호표에서 정답을 찾아라!**

관측

**꽃잎 완성하기**

관측이란 기상, 천문 등의 자연 현상을 관찰하여 그 움직임을 측정하는 것을 말해.

관측과 비슷한 말에는 관찰, 측정 등이 있어.

모든 별자리는 눈으로 다 관측할 수 있어.

**관측**

지진이 발생하면 전국에 설치된 지진 관측소에서 지진을 관측해서 우리에게 알려줘.

화산을 직접 관측하는 것은 매우 흥미로운 일이야.

**문장 대결**

㉝ 이번 주말에 천체 관측을 하러 천문대에 가기로 했어. 너무 기대돼.

## 30 규모 66쪽

**초성 퀴즈**
규모

**애벌레 완성하기**

크기 정도 틀

**열기구 색칠하기**
규모

**문장 대결**
📝 이번 가을에 열린 불꽃 축제는 규모가 엄청 컸어.

## 31 내부 68쪽

**초성 퀴즈**
내부

**바른 설명 찾기**
내부

**괜찮냥의 일기**

7월 27일 토요일 날씨: 맑음

친구들과 박물관에 견학을 다녀왔다.
건물 앞 잔디마당에 여러 동상이 세워져 있었고, 입구부터 사람들이 길게 줄을 서 있었다. 우리도 기대하는 마음으로 줄을 서서 기다렸다가 드디어 건물 내부로 들어갔다. 학교에서 배웠던 다양한 문화재가 전시되어 있었다. 안에서 하는 전시와 밖에서 하는 전시가 따로 있었다. 내부 구경을 다 하고 외부로 나와 특별 전시를 마저 구경했다. 책으로만 보던 문화재를 직접 보니 신기하고 재미있었다. 돌아오는 길에 친구들과 시원한 아이스크림을 사 먹었다. 재미있고 뿌듯한 시간이었다.

**문장 대결**
📝 아빠가 새 차를 사셨는데 차 내부가 넓어서 캠핑을 해도 좋을 것 같아.

## 32 대비 70쪽

**초성 퀴즈**
대비

### 나만의 재난 대비 가방

📝 가방 내부에는 각종 재난 대비 물품을 넣고, 외부에는 침낭과 방수시트를 얹을 수 있는 주머니를 덧달아서 외부 취침에 대비해요.

**대화 완성하기**

**문장 대결**
📝 오늘 일기예보를 보고 비 올 것에 대비해서 우산을 준비했어.

## 33 대처 72쪽

**초성 퀴즈**
대처

**이럴 땐 어떻게?**
📝 양말을 벗어서 휴지 대신 사용해.

**해당 어휘를 찾아라!**

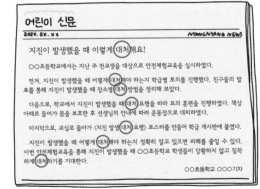

어린이 신문

202X. 0X. XX                    NYANGNYANG NEWS

지진이 발생했을 때 이렇게 대처해요!

○○초등학교에서는 지난 주 전교생을 대상으로 안전체험교육을 실시하였다.

먼저, 지진이 발생했을 때 어떻게 대처해야 하는지 학급별 토의를 진행했다. 친구들의 발표를 통해 지진이 발생했을 때 장소별 대처 방법을 정리해 보았다.

다음으로, 학교에서 지진이 발생했을 때 대처 요령을 따라 모의 훈련을 진행하였다. 책상 아래로 들어가 몸을 보호한 후 선생님의 안내에 따라 운동장으로 대피하였다.

마지막으로, 교실로 돌아가 〈지진 발생 대처 요령〉 포스터를 만들어 학급 게시판에 붙였다.

지진이 발생했을 때 어떻게 대처해야 하는지 정확히 알고 있으면 피해를 줄일 수 있다. 이번 안전체험교육을 통해 지진이 발생했을 때 ○○초등학교 학생들이 당황하지 않고 침착하게 대처하기를 기대한다.

○○초등학교 ○○○기자

**문장 대결**
📝 우리나라도 이제 지진에 대처하는 방법을 널리 알리고 교육해야 할 것 같아.

## 34 부근

74쪽

**초성 퀴즈**

부근

**노래 가사 바꾸기**

예 우리나라 부근에는 어떤 나라 있을까 / 땅이 넓은 중국
섬나라 일본 가보고 싶구나

**알맞은 어휘를 찾아라**

공사장 ( 부근 ) 부엌 )을 지날 때는
위험한 물건이 있는지 잘 살피고
지나가야 한다.

관광지 ( 근처 ) 근래 )에는
맛집이나 숙박업소가 많이
분포되어 있다.

공원 ( 근방 ), 금방 )을 지나가면
애완견과 산책을 즐기는 사람들을
많이 볼 수 있다.

**문장 대결**

예 바닷가 부근에는 바람이 많이 불어.

## 35 분출

76쪽

**초성 퀴즈**

분출

**더 많은 어휘 떠올리기**

예 분: 분수, 분식, 분장 등
출: 출구, 출근, 출발 등

**숨은 장면 찾기**

**문장 대결**

예 한강 다리에서 분수가 멋있게 분출하는 장면을 봤어.

## 36 분화구

78쪽

**초성 퀴즈**

분화구

**글자탑 완성하기**

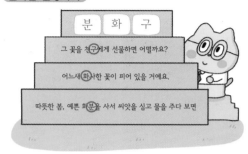

**주스 가게에 갔어요!**

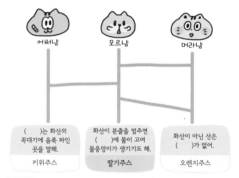

분화구

**문장 대결**

예 제주도에 가서 성산 일출봉 분화구를 보고 왔어.

## 37 산사태

80쪽

**초성 퀴즈**

산사태

**관련 단어 찾기**

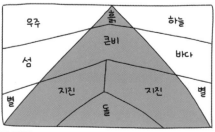

산 모양

### 계단에서 어휘 찾기

산사태

**문장 대결**

㉠ 산사태가 발생하면 흙더미가 쏟아져 내려서 위험해.

## 38 이로움　　　　　　　　82쪽

**초성 퀴즈**

이로움

**개구리의 어휘 놀이**

- 이로운 말의 종류: ㉠ 사랑해, 고마워
- 까닭: ㉠ 사람의 마음을 따뜻하게 하고 관계가 좋아진다.
- 이로운 동물의 종류: ㉠ 소, 돼지
- 까닭: ㉠ 일도 하고 고기나 우유를 제공해 준다.

**어휘의 활용**

❶ 이로움 ❷ 이로운 ❸ 이롭다

**문장 대결**

㉠ 봉사 활동은 여러 사람에게 이로움을 줘.

## 39 지열 발전　　　　　　84쪽

**초성 퀴즈**

지열 발전

**바른 길 찾기**

| 지 | 두 | 떡 | 보 | 멀 | 리 | 장 |
|---|---|---|---|---|---|---|
| 을 | 구 | 내 | 인 | 더 | 여 | 초 |
| 대 | 잘 | 부 | 온 | 하 | 어 | 전 |
| 찾 | 의 | 에 | 도 | 용 | 아 | 기 |
| 장 | 열 | 계 | 이 | 지 | 를 | 사 |
| 일 | 없 | 을 | 집 | 얻 | 너 | 방 |
| 정 | 한 | 온 | 도 | 나 | 는 | 법 |

→ 도착

**맞다, 틀리다 미션**

망고

### 문장 대결

㉠ 지열 발전으로 어떻게 전기가 만들어지는지 궁금해.

## 40 지진　　　　　　　　86쪽

**초성 퀴즈**

지진

**깜빡한 글자를 찾아라**

❶ 땅 ❷ 건물 ❸ 도로

**비밀번호를 풀어라!**

3570

**문장 대결**

㉠ 옆집에서 공사를 하는데 어찌나 바닥이 울리는지 지진이 난 줄 알았어.

## 41 화산　　　　　　　　88쪽

**초성 퀴즈**

화산

**냥냥이와 가위바위보**

| 예쁜냥 | ✊ | 화산은 마그마가 분출한 후 생긴 지형을 말한다. (○)X) |
| --- | --- | --- |
| | ✌ | 화산 활동은 우리 생활에 피해만 준다. (○)X) |
| 머라냥 | 🖐 | 한라산은 우리나라의 대표적인 화산이다. (○)X) |
| | ✊ | 화산이 분출할 때 석탄, 석유 등이 나온다. (○)X) |

**마인드맵 그리기**

㉠

**문장 대결**

㉠ 인공위성으로 화산을 관측할 수 있다니 신기하다.

 **화산재** 90쪽

**초성 퀴즈**

화산재

**물고기를 낚아라**

고체, 용암, 화산분출물, 농작물

**열기구 색칠하기**

①, ③, ④

**문장 대결**

㉠ 화산재를 이용해서 화장품을 만들 수 있대.

 **농작물** 92쪽

**초성 퀴즈**

농작물

**숨은그림찾기**

(1) 호박, 가지, 옥수수

(2)

**빙고판 만들기**

㉠

빙고판

| 호박 | 오이 | 당근 |
|------|------|------|
| 무 | 옥수수 | 감자 |
| 당근 | 가지 | 고구마 |

**문장 대결**

㉠ 엄마가 직접 기르신 농작물이 아주 싱싱해.

 **담수** 94쪽

**초성 퀴즈**

담수

**'수' 자로 끝나는 말은?**

㉠ 옥수수, 식수, 장수, 여수, 하수 등

**전화번호 알아맞히기**

134

**문장 대결**

㉠ 담수는 소금기가 없어서 수영하기 좋은 것 같아.

 **만년설** 96쪽

**초성 퀴즈**

만년설

**사다리 완성하기**

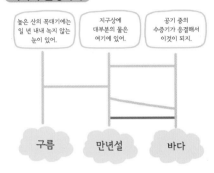

높은 산의 꼭대기에는 일 년 내내 녹지 않는 눈이 있어.

지구상에 대부분의 물은 여기에 있어.

공기 중의 수증기가 응결해서 이것이 되지.

구름　　만년설　　바다

**누리 소통망 서비스(sns) 어휘 찾기**

만년설

**문장 대결**

㉠ 만년설의 일부는 빙하가 되어 흘러내린다고 해.

 **순환** 98쪽

**초성 퀴즈**

순환

**현관문을 열어라**

(숫자 판에서 8과 0에 색칠한다.)

**어쩌냥의 일기**

순환

**문장 대결**

㉠ 혈액 순환이 잘 안 되면 손발이 차다고 해.

 **안개** 100쪽

**초성 퀴즈**

안개

## 이미지로 유추하기

안개

## 풍선을 연결해 주세요

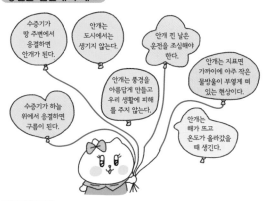

## 문장 대결

⑩ 안개 낀 공원을 걸을 때는 뭔가 신비로운 느낌이 들어.

---

## ④⑧ 장치　　102쪽

### 초성 퀴즈

장치

### 사용 설명서 만들기

⑩

[날개 달린 신발]

❶ 지각했을 때 신는다.

❷ 목적지를 이야기하면 평소보다 2배 빠르게 걸어갈 수 있다.

### 십자말풀이

| | | ❶장 | 마 | |
|---|---|---|---|---|
| ❸잠 | ❷금 | 장 | 치 | |
| | 연 | | ❷도 | ❸청 |
| | | ❹교 | 정 | 소 |

### 문장 대결

⑩ 치아 교정 장치를 끼고 있어서 마음대로 먹을 수가 없어.

---

## ④⑨ 존재　　104쪽

### 초성 퀴즈

존재

### 생각그물 완성하기

⑩ 인물: 할머니

이유 1: 엄마를 낳아주셨기 때문에

이유 2: 부모님이 안 계실 때 밥도 챙겨 주시고 돌봐주시기 때문에

이유 3: 나를 사랑해 주시기 때문에

### 자음이 반복되는 어휘 찾기

⑩ 도달, 공기, 누나, 주제, 바보, 우유, 미모, 시소 등

### 문장 대결

⑩ 나는 이 세상에 하나밖에 없는 특별한 존재야.

---

## ⑤⓪ 지하수　　106쪽

### 초성 퀴즈

지하수

### 삼행시 짓기

⑩ 지: 지구상에 있는

하: 하고 많은 사람들 중에

수: 수중 탐사가 꿈인 너와 내가 만나다니, 이건 운명이야.

### 사다리 타기

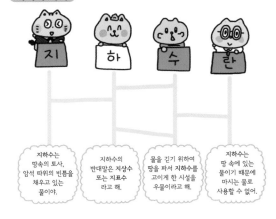

### 문장 대결

⑩ 쓰레기를 땅속에 묻어서 지하수가 오염되었다는 뉴스를 봤어.

1판 1쇄 펴냄 | 2023년 8월 25일

기　획 | 이은경
글　　 | 이은경·이미선
그　림 | 김재희
발행인 | 김병준
편　집 | 이현주·박유진
마케팅 | 김유정·차현지
디자인 | 김용호·권성민
발행처 | 상상아카데미

등록 | 2010. 3. 11. 제313-2010-77호
주소 | 서울시 마포구 독막로 6길 11(합정동), 우대빌딩 2, 3층
전화 | 02-6953-8343(편집), 02-6925-4188(영업)
팩스 | 02-6925-4182
전자우편 | main@sangsangaca.com
홈페이지 | http://sangsangaca.com

ISBN 979-11-85402-98-7 (64080)